¡Buenos días, energía!

Gonzalo García-Pelayo

¡Buenos días, energía!

Grijalbo

Primera edición en U.S.A.: marzo, 2005

© 2005, Gonzalo García-Pelayo
© 2005, Grupo Editorial Random House Mondadori, S. L.
Travessera de Gràcia, 47-49. 08021 Barcelona

Quedan rigurosamente prohibidas, sin la autorización escrita
de los titulares del *copyright*, bajo las sanciones establecidas en
las leyes, la reproducción parcial o total de esta obra por cualquier medio o procedimiento, comprendidos la reprografía y
el tratamiento informático, y la distribución de ejemplares de
ella mediante alquiler o préstamo públicos.

Printed in Spain – Impreso en España

ISBN: 0-30727-392-X

Distributed by Random House, Inc.

ÍNDICE

El arranque de la idea lo puso Ángel Lucía; el desarrollo y el sentido de la medida fue de Raquel Gisbert, y en el cierre formal del proyecto trabajó magníficamente el periodista José María Goicoechea.

Está claro, lector, que sin ellos este libro no sería lo que humildemente es.

También agradecer al destino la suerte que mi familia y yo tuvimos de dormir a treinta kilómetros de donde rompió el *tsunami* en la isla de Sri Lanka.

ENERGÍA

$E = mc^2$. Es una fórmula científica y compleja, pero seguro que os suena. ¡Si aparece hasta en algunas camisetas como lema: $E = mc^2$! Es la fórmula de la energía, la ecuación hallada por Albert Einstein —el hombre más moderno del siglo XX, junto con Picasso— que explicaba su revolucionaria teoría de la relatividad: la energía es igual a la masa por la velocidad de la luz al cuadrado.

Desde entonces, «energía» es una palabra que está permanentemente de moda. Tiene, incluso, un cierto sentido mítico, ¿no os parece?

Y es la «energía» lo que nos interesa de esta fórmula, pues contiene, además, la esencia de todo cuanto vamos a ir contando a lo largo de estas páginas.

Vamos a despertarnos a la energía, a darle los «buenos días», para que nos ayude a lograr nuestro proyecto personal, quitándonos de encima cualquier miedo.

Hay otros términos que también empiezan por la misma vocal, por esa «**e**», y que tienen mucho que ver con nuestra idea de energía:

entusiasmo, **e**rotismo, **e**ntendimiento, **e**ficacia, **e**spíritu, **e**lectricidad, **e**ncuentro, **e**levar, **e**quilibrio, **e**mpresa, **e**namorarse, **e**sencia, **e**quipo, **e**moción (incluso me han hablado muy bien de la palabra **e**yacular, aunque no sé si ponerla en esta lista...).

ENERGÍA: «Capacidad (de una persona) para mantenerse firme en sus decisiones o para actuar a pesar de oposiciones u obstáculos». Así lo cuenta el diccionario. Y también dice: «Lo que puede cambiar las propiedades o esencias de los cuerpos».

Por tanto:

> LA ENERGÍA ES LA CLAVE PARA EL CAMBIO

En el concepto de energía que vamos a manejar podemos incluir todo cuanto parece y es necesario para enfrentarse, con éxito, al cambio:

VIGOR
EFICACIA
PODER
VIRTUD PARA OBRAR

Pero también:

FUERZA DE VOLUNTAD
ENTEREZA DE CARÁCTER
INTENSIDAD CON QUE OBRA UN AGENTE

¿Por qué hablamos de «cambio»? Pues porque todos —si hay alguien que no, que levante la mano—, en nuestras vidas, tenemos necesidad de cambios. Sean del tipo que sean. Todos —¿esas manos?— perseguimos algún objetivo. Todos sentimos —veis cómo no se escapa nadie— una cierta necesidad de reinventarnos. Sin esto, casi con toda seguridad, estaríamos todavía viviendo como los hombres de las cavernas.

Cuanto más elaborada esté esa idea, de mayor fuerza, de más vigor, de más entereza de carácter y de mayor voluntad tendremos que pertrecharnos para llevar a cabo nuestros proyectos.

La energía genera energía. Por eso somos capaces de transformar en trabajo cualquier decisión mental. Y por eso somos capaces de mantenernos firmes en nuestras decisiones o de actuar a pesar de las oposiciones o de los obstáculos que nos encontremos.

Es fundamental reflexionar sobre esta idea. Y repetirla hasta que estemos convencidos de que es verdad. Porque os aseguro que es verdad:

CON NUESTRA ENERGÍA
PODEMOS GENERAR CAMBIOS

Vale, vale. Parecen verdades de Perogrullo. Estoy de acuerdo: hasta aquí, dándole un poco a la cabeza, cualquiera podría haber llegado a las mismas conclusiones. ¿Estáis seguros? Porque cuando miro a mi alrededor, me doy cuenta de que se nos está olvidando algo tan IM-PRES-CIN-DI-BLE como es ser consciente de que nosotros mismos tenemos la posibilidad y el combustible necesarios para llevar nuestras vidas a donde queramos. ¿Es cierto o no? ¿Sí? Pues no lo parece, porque en nuestra sociedad resulta que está más de moda el sentimiento de tristeza. Enseguida nos deprimimos ante las circunstancias más o menos adversas. O languidecemos a la espera de que algún milagro nos sacuda el aburrimiento y la apatía de encima.

Da la sensación de que estemos utilizando nuestra energía de la peor manera posible, que la estemos utilizando para intentar que nuestra situación no cambie. Ay, pero esos cambios suelen llegar, a pesar de todo. Y cuando lo hacen, la mayoría de ellos no son de nuestro agrado, ya que se deben a los deseos de otros o al azar, pero casi nunca a nuestros deseos, ya que no hemos utilizado ni un ápice de energía en esa dirección.

Ante cualquier problema que nos llega del exterior, nos arrinconamos en esa depresión; o en los sueños. No somos capaces de responder al medio hostil. ¿Por qué? Pues, sencillamente, porque no tenemos prevista ni planificada ninguna estrategia. Ni mucho menos, claro está, conocemos las tácticas necesarias que debemos aplicar a estas estrategias cuando las circunstancias no son las que esperábamos. Se me ocurre una pregunta que empieza por «por qué»: ¿Por qué languidecer sobre nuestros propios deseos?

> REVITALICEMOS NUESTRA PROPIA ENERGÍA
> PARA CONSEGUIR NUESTROS
> VERDADEROS DESEOS

—Hombre, Gonzalo, eso es muy fácil de decir pero...
—Ni peros ni peras. Yo tuve un deseo y lo alcancé, y créeme si te digo que mi deseo no era precisamente fácil de conseguir a priori. Mi deseo se hizo realidad gracias a la energía y a la estrategia (ahora hablaremos de este segundo término). Quizá mi experiencia no le sirva a todo el mundo, pero todas las personas a mi alrededor que han utilizado esta fórmula, TODAS, han triunfado. Y triunfar significa alcanzar los sueños que perseguían. Es tan fácil como esto:

> ENERGÍA + ESTRATEGIA = OBJETIVOS

—¿Y qué pasa en esos momentos en los que a uno se le viene el mundo encima?

—A mí, fíjate bien, esos momentos son los que más me motivan y los espero con verdadera pasión de costalero. Son las situaciones de las que más aprendo. No tengas miedo a esos momentos, son tus aliados. Las crisis valen para ganarlas, para salir de ellas reforzados. Mucho ciudado, que el temor no sea tu principal adversario porque aparecerán otros rivales. Aunque si tienes clara tu estrategia, el enemigo no será más que un compañero de viaje.

QUE EL TEMOR NO SEA TU PRINCIPAL ADVERSARIO

El taoísmo es, junto al confucionismo y al budismo, una de las tres grandes religiones practicadas en China. Veamos lo que dicen los taoístas a propósito de la energía, con sus ejemplos guerreros:

- Cuando la mente original es firme, la **energía** fresca es victoriosa.
- Cuando se concentra un gran número de tropas antes de la batalla, lo que hay que hacer es *estimular* la **energía**.
- Cuando se abandona el campamento y se consolidan las fuerzas, lo que hay que hacer es mantener a los soldados en orden e *incrementar* su **energía**.

- Cuando se está en una frontera cerca del enemigo, hay que *intensificar* la **energía**.
- Cuando se ha fijado el día de la batalla, se debe *estabilizar* la **energía**.
- En el día de la batalla, hay que *prolongar* la **energía**.

Ahora bien, el proceso de estimular, incrementar, intensificar, estabilizar y prolongar la energía ha de ser racionalizado de forma que pueda *repetirse cuando sea necesario*.

> HAY QUE ESTIMULAR, INCREMENTAR,
> INTENSIFICAR, ESTABILIZAR Y PROLONGAR
> LA ENERGÍA

Y ahora, ¡a trabajar!

PROYECTO VITAL

Antes que nada, antes de profundizar en nuestra fórmula, recordémosla:

$$\text{ENERGÍA} + \text{ESTRATEGIA} = \text{OBJETIVOS}$$

Tenemos una primera tarea que llevar a cabo.

Una tarea que quizá sea una de las más trascendentales de todo cuanto nos vamos a plantear a lo largo de este libro:

¿Cuál es nuestro PROYECTO VITAL?

Nuestro proyecto vital se compone de lo que somos nosotros y de qué queremos hacer de nuestras vidas.

$$\text{NOSOTROS} + \text{QUÉ QUEREMOS HACER}$$
$$\text{DE NUESTRAS VIDAS} = \text{PROYECTO VITAL}$$

Definir nuestro proyecto vital es un trabajo —como la invitación para una de esas fiestas apetecibles: «PERSONAL E INTRANSFERIBLE»— que nos orienta hacia dónde queremos encaminar nuestros pasos, orientar nuestras metas, nuestros objetivos.

Un proyecto vital debe basarse, principalmente, en una acumulación positiva de energía encaminada a conseguir un logro.

La idea de lograr nuestros objetivos nos tiene que hacer felices. La dicha por alcanzarlos debe ser el motor energético de cada día. Y ese proyecto ha de ser tan personal que nadie más pueda lograr algo mejor acabado y más perfecto, puesto que esa creación es y será nuestra y solo nuestra y, por tanto, siempre iremos un paso por delante de los demás.

Un proyecto vital tiene que:

- Resumir nuestros deseos más sublimes.
- Reforzar la individualidad y las cualidades innatas que todos llevamos dentro (que las llevamos, podéis estar seguros).

¡Seamos capaces de sacar esto a la luz con desparpajo!

¡Veremos la luminosidad que todos llevamos dentro!

Vamos por partes, como diría Jack el Destripador. Antes que nada, debemos analizar nuestro grado de DESEO respecto a nuestro proyecto vital, así como la ENERGÍA que somos y seremos capaces de transmitirle.

Vale casi todo: podemos codiciar la riqueza y aspirar a ella, ambicionar un cargo o, sencillamente, apetecer un determinado vino, excelente y prohibitivo por su precio.

> DESEAR ALGO SUGIERE UNA VOLUNTAD
> ACTIVA DEL SUJETO PARA PROCURARSE
> LO DESEADO

Ahondemos. Es muy posible que, en ese proceso, lleguemos a encontrarnos, a veces, con deseos que no son más que expectativas inducidas por la sociedad, pero que nada tienen que ver con nuestros anhelos más profundos. Imaginemos que esos deseos son una pepita de oro. ¿Os acordáis de aquellos buscadores de oro de las películas del Oeste? Se pasaban días, meses, con el agua del río hasta las rodillas, echando puñados de arena en sus cedazos y filtrando y filtrando, con la esperanza de ver relucir una piedrecita, una pepita de oro (los he visto en Alaska).

Pues lo mismo, aunque sin meternos en un río real, tenemos que hacer con nuestros deseos.

Si hacemos una criba de estos deseos, y nos olvidamos de los que vienen establecidos por los usos sociales o de los que surgen dictados por la publicidad, nos encontraremos con unas ambiciones legítimas, originales y únicas, como son, en realidad, nuestras propias vivencias.

Acordaos: PERSONAL e INTRANSFERIBLE.

En el Templo de Apolo, en Delfos, en la antigua Grecia un lema proclamaba: «Conócete a ti mismo». En aquellos tiempos y por aquellas tierras, lo de la filosofía se practicaba mucho y bien, de manera que no está de más hacer un poco de caso a esta frase.

Siguiendo semejante llamamiento filosófico, ¡CONOZCÁMONOS!

Lo primero que debemos revisar para conocernos, y muy a fondo, es el grado de IMPLICACIÓN PERSONAL que estamos dispuestos a imprimir a nuestro proyecto vital.

¿A que parece un tanto absurdo mezclar el término «vital» con una idea que sugiere cierto desinterés? Pues no lo debe de ser tanto, ya que todos conocemos muchos casos de gente que no parece estar demasiado interesada en su proyecto vital. Pueden ser personas apáticas o desilusionadas, capaces únicamente de hacer una lectura rutinaria de lo que constituye el centro de sus vidas.

Cualquier proyecto que merezca ser llamado «vital» ha de ser brioso, enérgico; ha de tener un alto grado de personalidad, de voluntad de diferenciación. En definitiva: tiene que ser clara e indudablemente INDIVIDUAL.

Es fundamental encontrar el propio deseo, ese que tiene que ver con nuestra forma de ser.

Un ejemplo: Suelen ser malos médicos aquellos profesionales que hubieran querido ser músicos pero que frustraron sus deseos por obedecer, por ejemplo, a una tradición familiar.

NUESTRO PROYECTO VITAL
TIENE QUE SER INDIVIDUAL

Nuestros deseos no pueden estar conformados por una línea familiar o por obligaciones sociales.

¿Hay alguien más individualista que el jugador profesional? Un torero o un boxeador imprimen a su actividad profesional un cierto grado de individualismo, pero nunca tanto como el que aplica el jugador de póquer.

—Explica un poco más ese individualismo tan radical...

—Pues mira, el jugador de póquer no tiene ni siquiera *manager* (aunque en castellano *del bueno* deberíamos decir apoderado o representante), tampoco entrenador. Fíjate, ni siquiera cuenta con un compañero de fatigas. Para el jugador de póquer solamente existen rivales. Se trata de él contra el resto del mundo. Sin apoyos, sin célula social donde desenvolverse. Su vida sí que es puro individualismo. Déjame citar una frase graciosa: Es *lo más opuesto que existe a un autobús repleto de japoneses.*

Sigamos adelante por el camino —individual, personal e intransferible: se nos van sumando condiciones— del proyecto vital, con otro consejo: Debemos soñar nuestra vida. Ya hablaremos más adelante del plan general que debe regirla, que tiene que ser un plan lógico, creíble, plausible. Pero al menos de manera parcial, y dentro de nuestro plan general, debemos soñarnos interiormente en algún proyecto que tenga una apariencia exultante, aunque nos parezca, a nosotros mismos, poco real o no excesivamente creíble. Sería como el elogio de una cierta locura. ¿Qué perdemos por ser osados en nuestros sueños? Tenemos que meternos en empresas que nadie antes haya realizado. Este es un motor vital que será capaz de insuflarnos energía durante gran parte de nuestra vida. Así lo han hecho durante toda la historia muchos hombres, con resultados más o menos conocidos, con beneficios para la sociedad más o menos perceptibles, pero siempre con una satisfacción personal altísima totalmente asegurada para el actor principal de los hechos.

> LOS SUEÑOS SON UNA PARTE FUNDAMENTAL
> DEL PROYECTO VITAL DE CADA UNO

Nuestros sueños tienen que parecer irrealizables: vale, por ejemplo, querer correr en Fórmula 1; aspirar a ser presidente de la Unión Europea; desear vivir en el último apartamento del rascacielos más alto; codiciar ganar sistemáticamente a la ruleta; pretender montar la cadena de tiendas de ropa de más éxito; afanarse en grabar dos discos en Miami; anhelar descubrir una mariposa sin nombre; llegar a ser número uno en el escalafón de los toreros; querer dominar el juego de la bolsa (que es un juego más, no nos olvidemos); apasionarse por ganar el premio literario más prestigioso; querer consagrarse como un viajero profesional o empeñarse en dirigir la compañía de mayor facturación del ramo que sea.

SOÑEMOS CON EMPRESAS
QUE NADIE ANTES HAYA REALIZADO

Los éxitos en cualquiera de estas tentativas, aunque sean parciales, serán jalones fundamentales en la vida de la persona que lo haya intentado. De cada uno de ellos se desprenderá la energía suficiente para acometer nuevos sueños, nuevos retos.

Una de las máximas de este libro, os recuerdo, es «fuera miedos». Seamos consecuentes: no debemos temer que en nuestro proyecto vital surjan aparentes contradicciones, como las paradojas o la, a veces, falsa dicotomía de tener que elegir entre dos opciones.

Es necesario huir de las dicotomías. Hay que estudiar la posibilidad de elegir todas las opciones, porque todas pueden valer. Igualmente, no es saludable sentirse siempre vinculado al corto plazo (que no es el único, que no todo es «aquí te pillo aquí te mato»). Y no hay que estar tan pendiente del corto plazo si esto asegura que en el largo plazo se pueden cumplir los objetivos escogidos.

Volvamos a formular nuestra ecuación (que no es cuestión de olvidarnos de ella tan pronto... llevamos pocas páginas) pero esta vez con más detalles e introduciendo nuevos conceptos de los que más tarde hablaremos:

ENERGÍA + ESTRATEGIA = OBJETIVOS

ESTRATEGIA = TÁCTICAS PERSONALES
+ TÁCTICAS GENERALES

TÁCTICAS PERSONALES = INTELIGENCIA
EMOCIONAL + FACILIDAD PARA LOS IDIOMAS
+ POSIBLE BELLEZA + RELACIONES FAMILIARES...

TÁCTICAS GENERALES = MEDIR LAS
PROBABILIDADES + MÉTODO DE TRABAJO
+ PSICOLOGÍA DEL GANADOR + POSTURA
POSITIVA...

De todos estos detalles seguiremos hablando en las páginas siguientes, pero antes me gustaría que me permitierais ahondar un poco más en esto de los sueños.

La historia de la Humanidad es, en parte, la historia de la lucha por la conquista y el control de la realidad, de todo cuanto nos rodea u ocurre a nuestro alrededor.

¿Qué era el fuego? ¿Y el rayo? ¿Y las mareas? ¿Y la tierra en el centro y el sol en su carro? ¿Y las infecciones? ¿Y el riego sanguíneo? ¿Y la respiración?

El ser humano se ha enfrentado, a lo largo de un

buen puñado de siglos, a muchísimas cosas reales, a menudo inexplicadas, en su momento casi siempre inexplicables. Y el ser humano lleva años y años y años explicándolas. Pero cuando no ha podido hacerlo, las ha soñado.

> ## CUANDO NO PUEDE EXPLICAR ALGO,
> ## EL SER HUMANO LO «SUEÑA»

Todavía, a estas alturas, quedan cuestiones sin explicación racional o razonable.

¿Qué es la conciencia? ¿Qué son las caras de Bélmez? ¿Cuánto puede vivir un ser humano como máximo?

Hay muchos aspectos de hechos paranormales y de otros *paras* diversos que no encajan en las explicaciones conocidas, como, todavía, las múltiples consecuencias de las diferentes y nuevas aplicaciones de recientes descubrimientos genéticos.

Desde siempre, insisto, lo que no hemos podido explicar lo hemos entregado a los sueños. De ellos, del misterio que emana de las cosas inexplicadas, se ha nutrido la poesía y se ha inspirado el arte.

Pero así, hemos llegado a crear una, para mí, falsa distinción entre *explicadores* o científicos y soñadores, artistas o poetas.

Es cierto que a medida que hemos ido conquistando la realidad hemos ido reduciendo el espacio de nuestros sueños. Parecería algo inevitable, pero yo creo que no debería ser así.

Sin sueños no hay energía —otra vez vuelve a aparecer esta palabra: ¡por algo será!— y esta idea puede ser tan científica como el Teorema de Pitágoras. Precisamente esa es la energía que necesitamos para desvelar los misterios (sean del tipo que sean) y conquistar la realidad. Y de conquistar la realidad se trata cuando estamos hablando de lograr nuestros objetivos, de perfilar nuestro proyecto vital, no os olvidéis de cuál es nuestra meta a lo largo de estas páginas.

SIN SUEÑOS NO HAY ENERGÍA

A estas alturas, ya sabemos y conocemos casi todo lo relacionado con el sol. Aunque le sigamos teniendo un gran respeto, es difícil que lo podamos considerar como un dios, como lo hicieron tantas culturas a lo largo de la historia, pero nada ni nadie nos impedirá soñar el sol. Nada puede hacer que dejemos de soñar.

Lo sabemos casi todo a propósito de los volcanes, y aunque todavía no podamos predecir sus erupciones ya no nos aterran como fuerzas encolerizadas de la naturaleza, con las que soñaron generaciones y generaciones anteriores. Sin embargo, podemos seguir conservando —y conservamos, en parte— ese estremecimiento atávico ante sus lavas bullentes.

—¿Has sentido algo así alguna vez, Gonzalo?

—Sobrevolé, una vez, el cráter hirviendo al rojo vivo de un volcán de Hawai, y pocas veces he sentido tan dentro de mí unas sensaciones tan afortunadamente inexplicables. Eran esos desgarramientos telúricos que nos hacen soñar, quizá, con otras etapas, anteriores, de nuestra existencia. Conocer y soñar no son incompatibles, pueden ser incluso complementarios.

> CONOCER Y SOÑAR NO SON CONCEPTOS
> INCOMPATIBLES, PUEDEN SER INCLUSO
> COMPLEMENTARIOS

Así, os recuerdo, nuestro proyecto vital ha de responder a un plan (lógico, creíble...), que esté acompañado de un sueño, por inalcanzable o descabellado que parezca, cuya consecución, aunque sea parcial, nos dará una parte de la energía necesaria para acometer otros sueños, otros proyectos, otros retos.

ESTRATEGIA

¿Os acordáis de nuestra fórmula?

ENERGÍA + ESTRATEGIA = OBJETIVOS

Sí, ¿verdad?, pues que no se os olvide, porque es nuestra contraseña particular para avanzar en este despertar a la energía. Ya sabéis, por lo de los «buenos días» del título.

Ahora le ha llegado el turno al segundo término de nuestra particular fórmula, la ESTRATEGIA.

Se dice que el gran jugador de ajedrez es quien sabe trazar un plan de juego y mantenerlo a lo largo de toda la partida, un plan de juego al que se supeditan todos los movimientos y las tácticas parciales en el desarrollo de la partida. Ni una pieza se mueve sin analizar antes, concienzudamente, si este movimiento es el más conveniente para el plan general.

Cuando un jugador se ve obligado a cambiar su plan original por absurdas y confusas veleidades casi nunca acaba ganando la partida. Es decir: su plan general se ha ido al garete.

Aunque la comparación entre la vida y el juego del ajedrez se haya utilizado muchas veces, no dejemos de tenerla en cuenta porque es cierto: cuanto ocurre sobre un damero es una abstracción del juego de la vida.

¡Eh, eh, eh...! Que estoy viendo caras raras. ¡Que nadie se asuste! ¡Que nadie cierre el libro! Para leerlo y sacarle todo provecho y poner en marcha el proyecto vital nadie tiene que saber jugar al ajedrez.

LA ESTRATEGIA SE COMPONE DE TÁCTICAS

Si esto es cierto... Bueno, bueno, es pura retórica: Sí, es cierto. Si la estrategia se compone de tácticas, habrá que definir las tácticas, que son de dos tipos:

- TÁCTICAS PERSONALES O MOVIMIENTOS
- TÁCTICAS GENERALES

Las tácticas PERSONALES O MOVIMIENTOS son intransferibles, es decir se ajustan únicamente a tu plan: las tuyas, al tuyo; las de aquel, al suyo. Son los pasos que hay que seguir para llegar al objetivo.

—¿Puedes ser un poco más preciso, porque dicho así...?

—Vale, vale. Pondré un ejemplo, que suele ser la mejor manera de explicar. Si tu objetivo es ser ingeniero de caminos, el primer movimiento, lógicamente, será matricularte en la universidad; y también organizarte el tiempo para poder estudiar. Y así sucesivamente. Las tácticas GENERALES, sin embargo, se pueden aplicar a cualquier estrategia, sirven para conseguir cualquier objetivo. Sin ellas no se pueden conseguir los objetivos proyectados.

Así que tal y como hemos dicho:

> ESTRATEGIA = TÁCTICAS PERSONALES
> (MOVIMIENTOS) + TÁCTICAS GENERALES

Es fundamental que tengamos en cuenta la DIFERENCIA ENTRE ESTRATEGIA Y TÁCTICA:

- La ESTRATEGIA debe ser única y debe planificar la partida, planificar tu vida.
- La TÁCTICA, por el contrario, se refiere a los pequeños pasos necesarios y a los golpes posibles y variados que habrá que poner en acción con el objeto de que el plan se vaya desarrollando.

Por lo tanto, estrategia solo puede haber una, mientras que las tácticas pueden ser varias, pero todas con el mismo objetivo: que la estrategia propia se imponga fácilmente.

LAS TÁCTICAS SIEMPRE DEBEN ESTAR AL SERVICIO DE LA ESTRATEGIA

Es importante que memorices esta frase (no son tantas las que hay que aprenderse) porque de otra manera tu trabajo puede llegar a ser inútil. Y eso sí que no, que ni tenemos tiempo ni ganas para trabajos inútiles.

—Gonzalo, como has hecho antes... Pon un ejemplo, que nos aclaramos mejor.

—¿Otro? Está bien. Imagina que tu objetivo es ir a vivir a la India. Tu estrategia está enfocada para que en diez años, más o menos, ya estés en la India, instalado. Uno de tus movimientos, de tus tácticas personales, sería hacer un viaje de prospección, pasar allí un verano, ver dónde puedes vivir, enterarte de qué puedes hacer allí... Esta sería una de las tácticas personales. Ah, pero resulta que cuando ya has ahorrado para hacer el viaje se te cruza en el camino un piso, un verdadero chollo, y... vas e inviertes todos tu ahorros en esa casa, y te metes en una hipoteca a treinta años. Mal asunto, mal asunto. Tu táctica personal (o movimiento) no ha estado al servicio de tu estrategia y, aunque puede que la compra de ese piso te reporte mucha felicidad, tu objetivo habrá quedado frustrado. Y quién sabe si también tu vida.

Esta forma de trabajo de la que estamos hablando se ha puesto especialmente de manifiesto con la irrupción de las grandes computadoras en el mundo del ajedrez. Sí, volvemos de nuevo al mundo del ajedrez, pero ya lo hemos dicho: ¡que no cunda el pánico!

Cualquiera que haya jugado al ajedrez con un ordenador (y a los que no, se lo contamos ahora) sabrá que la máquina es imbatible en el plano táctico, gracias a su gran velocidad de análisis y a su capacidad para prever y contemplar miles de jugadas por adelantado. Pero estas supermáquinas no son capaces de desarrollar una estrategia para toda la partida. Pueden hacer una jugada magistral, pero, a pesar de ello, si el jugador (el humano, claro) ha planificado minuciosamente su estrategia, la máquina pierde.

Lo mismo pasa con tu vida.

Podríamos decir que las computadoras están preparadas para reaccionar «a lo que sale», mientras que el jugador plantea sus partidas contra ellas elaborando unos planes lo más cerrados posible. La máquina no entiende este estilo estratégico y lo único que sabe hacer es analizar a borbotones golpes tácticos sin un plan al que obedezca cada movimiento.

Jugar una partida abierta (sin una estrategia), como las que se disputaban en la época romántica del ajedrez, es jugar para perder seguro. Solo se puede ganar planteando un juego muy lento y muy cerrado, en el que no quepan resquicios para la improvisación en la estrategia planificada. De ahí que se impusiera en todo el mundo el monolítico estilo soviético de los años cincuenta del siglo pasado.

SOLO SE PUEDE GANAR PLANTEANDO UN JUEGO MUY LENTO Y MUY CERRADO

Parece una cosa sencilla y obvia, ¿no? Claro, resulta obvia tras la explicación, así cualquiera... En serio, lo que quiero decir con esta frase es que solo podemos conseguir nuestros objetivos si nuestro plan está bien estructurado, si nuestro plan contiene una estrategia segura, aunque sea lenta.

Es más: ¡lo normal es que la estrategia sea lenta! Y, además, que se construya a base de golpes tácticos, golpes que irán jalonando el camino.

Vamos a poner otro ejemplo práctico —le estoy cogiendo el tranquillo a esto de los ejemplos, qué se le va a hacer— para que los conceptos de estrategia y táctica queden claros:

Un hombre está en la edad de pensar si tendrá hijos y cómo los tendrá. Imaginemos, por raro que parezca, que este tipo se plantea como objetivo tener seis hijos, de dos en dos, con un espacio de diez años entre cada pareja, de manera que sus últimos hijos crecerían jugando ya con sus primeros nietos.

Vale, vale, es un tanto estrambótico, pero si esto le hace feliz, quiénes somos nosotros para ponerle pegas a este caballero, que quiere tener siempre un niño pequeño en casa durante toda su vida.

El caso es que la primera táctica personal (o movimiento) de este hombre deberá ser buscar una mujer —aunque quizá necesite varias, por aquello de la biología— que quiera compartir esa aventura con él. Además, habrá de educar su paternidad para mantenerla activa durante más de treinta años. Necesitará conseguir unos ingresos que le permitan educar y mantener a sus seis hijos...

Así de sencillo (al menos sobre el papel), estas son algunas de las tácticas personales o movimientos que un hombre con este deseo tendría que plantearse para que su estrategia le llevara, finalmente, a ser el padre de esta familia numerosa.

—Menudo ejemplo, Gonzalo.

—Ya ves... Por cierto, en este momento, estoy viendo a mi quinto hijo, el pequeño de once años, jugar con la hija de mi hijo mayor, es decir, con mi nieta mayor, que acaba de cumplir los nueve; cuestión de estrategia.

TODO ES CUESTIÓN DE ESTRATEGIA

Está claro que vuestra vida familiar será muy diferente si decidís ser diplomáticos, directores de banco, bailarinas de *striptease*, marinos mercantes, trompetistas, diputadas europeas, trapecistas o fareros.

Da igual lo que se decida, la actitud previa viene a ser siempre la misma: es absolutamente necesario planificar con una estrategia trabajada. No vale jugar a la que sale, aunque esta actitud haya estado demasiado de moda en los últimos tiempos y todavía goce de gran prestigio en los ambientes culturales, artísticos y bohemios: como decía aquella canción de Camarón de la Isla, «Volando voy, volando vengo, por el camino yo me entretengo». No debemos perder de vista que, respecto a todo esto de lo que hablamos, el largo plazo nunca falla, porque todo lo que venga por delante ya está previsto de antemano mediante nuestra estrategia. Sabemos que nos costará llegar, pero nada nos lo impedirá. Analizaremos cada situación para que todo se conecte con nuestro gran plan general, y de los errores sacaremos todo el jugo posible.

EL LARGO PLAZO NO FALLA NUNCA

Atiende bien: cuando planees tu estrategia, no tengas miedo del tiempo, el tiempo es tu aliado, tu amigo, es probable que te desvíes a lo largo de los años, pero no te preocupes, focaliza, planea, y un día conseguirás tus objetivos.

EL TIEMPO ES TU ALIADO

Sí, tenéis razón, lo admito, es cierto que muchas veces las circunstancias propias o las situaciones que nos rodean han dado al traste con los planes hechos por muchas personas con estos mismos planteamientos.

Pensemos en las guerras y en las catástrofes naturales o en otros hechos imprevisibles que han llevado a que muchos buenos proyectos se hayan quedado en eso, en simples proyectos, porque nadie puede sobreponerse a ciertas circunstancias extremas.

Pero tampoco pequemos de pesimistas y no nos olvidemos de que, hoy en día, al menos en la «Vieja Europa», como les gusta a algunos llamarla, vivimos una de las épocas más largas de paz que se hayan conocido, aunque muchos se quejen de los tiempos que vivimos. Así que, visto de esta manera, lo tenemos mucho más fácil para dom' ˄ar el mundo, *nuestro mundo*.

—   .onzalo, pero si pensamos en nuestras estrategias laborales, no me dirás que el mercado de trabajo no está difícil...

—Difícil empiezas tú a ponértelo con ese pensamiento tan negativo. Acuérdate de que los OBJETIVOS se logran con ENERGÍA y ESTRATEGIA. Tienes el tiempo de tu parte. Ya lo conseguirás. No te agobies. Tienes un objetivo y una estrategia. ¡A por ello!

Sigamos con esa palabra, «difícil». Pues difícilmente puede fracasar un proyecto en el cual insisten sus diseñadores porque lo han estudiado y porque tienen muy claro que lo pueden conseguir.

Se trata, en definitiva —y esto parece una repetición, pero no lo es—, de forjar un plan, al menos medianamente ambicioso, y de ir actuando en función de sus fines, intentando siempre no rectificar el primer diseño, porque

¡en esa rectificación se habrá consumido un tiempo precioso!

Los éxitos parciales de todas esas tentativas, van a ser mojones importantes en la vida de cada persona. De cada uno de ellos se desprenderá energía suficiente para acometer nuevos sueños, nuevos retos.

> LOS ÉXITOS PARCIALES SON UNA FUENTE
> FUNDAMENTAL DE ENERGÍA

No me parezco en nada al abuelo Cebolleta, aquel personaje de los tebeos del que huían todos cuando empezaba a contar sus batallitas, así que no se mueva nadie, porque si os cuento una experiencia personal es porque creo que tiene mucho sentido llegados a este punto. ¡Eh, tú, no pases de página!

Estaba convencido de que era posible ganar a la ruleta. A pesar de que todo el mundo la había definido como un juego inganable. Pero a mí el juego me encantaba como actividad, me gustaba como práctica matemática y estaba muy implicado con el estudio de las probabilidades. No me importaba organizar mi vida alrededor de esta práctica y hacerlo de forma profesional, no como un ludópata, sino como un estratega del juego.

Mi objetivo era vivir bien y viajar con mi familia jugando a la ruleta, conocer mundo.

Tenía una idea a la que daba vueltas y vueltas y más

vueltas: «Nada es perfecto». ¿Por qué iban a serlo, entonces, las mesas de las ruletas? Estaba seguro de que esas mesas tenían ciertos defectos, ciertas desviaciones que hacían que la bola cayera más en algunos casilleros que en otros. Y pensaba que esa caída se atrasaba o adelantaba, como ocurre con treinta y siete relojes puestos todos a la misma hora y consultados cada semana.

Con todas estas ideas y con mi objetivo claro, hice una pequeña prueba para comprobar la realidad de mi teoría. Me fui a un casino y cuando llevaba mucho tiempo allí sentado, me di cuenta de que, ¡eureka!, la bola caía sistemáticamente en las casillas que yo iba previendo gracias a mi teoría.

Una vez comprobado esto con muchísimas otras mesas, planteé mi estrategia: trabajar con mi familia de forma seria y sistemática para poder conocer a fondo las mesas en las que jugaba y poder sacarles todo el dinero que pudiera.

Lo repito: el objetivo era vivir del juego y que este me permitiera viajar con los míos.

Fui poniendo en marcha las diferentes tácticas. Extraer una estadística exhaustiva de las primeras ruletas es una dura labor, austera y exigente, que realizaría mi sobrino Christian; es joven, tiene tiempo y es de toda mi confianza.

Cuando todos esos datos estuvieran listos tendría que comparar sus resultados con las simulaciones que iba a realizar en un ordenador con un programa hecho a la medida. Para ello tenía que aprender a programar (ya sabía) y desarrollar unas simulaciones completamente aleatorias, donde solo interviniera la suerte, sin ninguna desviación física, característica que sí esperaba encontrar en las ruletas reales.

Si tenía cinco mil bolas de una mesa yo tiraba diez mil veces series de cinco mil bolas en el ordenador y tabulaba sus resultados. Allí veía las ocasiones en que un número se desviaba lo máximo posible de su media esperada. Me parecía imposible que un número saliera por encima de esa cantidad de veces. Ahí establecía el límite que llamaba *duro,* ya que nunca se había pasado de esa cantidad en las diez mil veces simuladas.

A continuación lo comparaba con el resultado real y veía para mi sorpresa y auténtico gozo que en una sola ruleta algún número salía más veces que en la media de ninguna de mis diez mil simulaciones.

Ya tenía la confirmación práctica de mis sospechas de que las ruletas podían tener algún defecto físico que introdujera una tendencia clara a algunos de sus casilleros.

Quería la confirmación teórica. Compré libros de probabilidad y, como entendía menos de la mitad de lo que leía, busqué amigos que habían hecho la carrera de matemáticas para que me explicaran ciertos misterios. Por fin un sobrino (siempre la familia, ya hablaremos de los *centros de gravedad permanentes* en los que tendremos que apoyarnos para mover nuestro mundo) me dio una fórmula llamada «chi cuadrado» que me arrojaba los mismos resultados que las simulaciones. Me daba la seguridad de que los números reales eran imposibles en una ruleta aleatoria, luego había defecto físico, había tendencia y esos números ofrecerían una consistente ventaja.

Hubo más cosas y algunos golpes tácticos (cuantificación de esa ventaja, estudios zonales...), pero la estrategia básica ya había sido desarrollada: la ruleta podía ganarse gracias a sus errores físicos.

Como habéis visto, la idea era ir consiguiendo pequeños logros, poco a poco. Hay que tener muy presente que emprender demasiadas cosas a la vez puede socavar una cantidad ingente de energía y frustrar la conclusión de cualquier empresa.

Por ello, dividir las tareas, encargando a cada cual según sus capacidades y sus habilidades, pero siempre sin perder de vista el propósito general —sí, ¡la estrategia!— es una de las artes de liderazgo.

> ESTRATEGIA = TÁCTICA + TÁCTICA + TÁCTICA + TÁCTICA +...

En el clásico libro *El arte de la guerra,* de Sun Tzu, podemos leer cuáles son los criterios estratégicos para comparar y establecer cuál es la situación en cada momento, y que hay unos elementos imprescindibles que se deben analizar, si queremos vencer. Hay un camino que seguir: supone la manera de adaptarse a la situación y de asentar la victoria a base de tácticas que alimentan la estrategia que hemos diseñado. Y todos con el mismo objetivo, para así poder compartir las vicisitudes que vengan, sin temores ni imprevistos. Las fuerzas han de estar estructuradas de manera estratégica, basándose en lo que nos sea ventajoso siempre.

Atención a esto:

- «El que planifica la victoria en el cuartel general, incluso antes de entablar la batalla, es el que tiene más factores estratégicos de su parte.»
- «El que tiene más factores estratégicos a su favor es el que gana.»
- «Cuando tu estrategia es profunda y amplia, ya llevas la mitad del camino ganado, pues has calculado las posibilidades y el margen de error.»

UN PROYECTO PERSONAL DEBE CONTAR
CON UNA ESTRATEGIA A LARGO PLAZO, CON
EL ESTUDIO DE DIFERENTES TÁCTICAS

MÁS MADERA

Hace falta combustible para que avance la locomotora. «¡Más madera, esto es la guerra!», gritaba Groucho Marx en una de sus grandes películas, pidiendo troncos para que aquel tren avanzara más deprisa.

«¡Más madera!», podemos gritar nosotros, tras haber encendido la chispa liberadora de nuestra energía más recóndita.

«¡Más madera!», porque necesitamos combustible para seguir preparándonos para nuestro particular campo de batalla.

«¡Más madera!», el grito que nos servirá para echar más leña a nuestro fuego energético para que nuestro objetivo se cumpla.

Ha llegado el momento de presentar las diferentes estrategias generales —el combustible, la madera— las cuales, unidas a nuestra tremenda energía —no nos olvidemos de darle los «buenos días»—, nos permitirán lograr el objetivo que nos hemos marcado.

No nos cansaremos de repetirlo:

OBJETIVO = ENERGÍA + ESTRATEGIA

ESTRATEGIA = TÁCTICAS PERSONALES +
TÁCTICAS GENERALES

Desarrollaremos todas estas herramientas que ahora presentaremos en los siguientes capítulos. Estudiaremos las diferentes tácticas generales que se deben conocer y practicar para que, unidas a nuestra particular táctica personal, sean el medio adecuado de desarrollar la estrategia perfecta para lograr nuestro objetivo.

Para ello, atención a estos siete *troncos* que conformarán la madera de nuestro tren:

MEDIR LAS **PROBABILIDADES** DE ÉXITO QUE
TENEMOS ANTES DE EMPEZAR A TRABAJAR

Siempre me gusta poner este ejemplo (sí, vuelvo a los ejemplos, pero es que os están viniendo bien, ¿no?): Tenemos muchas más posibilidades de casarnos con el hermano o hermana de un amigo que con un indochino, pero, si nuestro objetivo es casarnos con un indochino, estudiemos nuestras probabilidades y cómo podemos desarrollarlas y aumentarlas.

DISEÑAR UN **MÉTODO DE TRABAJO** PARA PONER EN PRÁCTICA NUESTRA ESTRATEGIA

Tras analizar nuestras probabilidades de éxito, trazaremos un método que analizaremos con criterio y objetividad, si queremos que sea infalible, que sí queremos. Será un método que nos permita desplegar nuestra energía con total confianza en nuestras posibilidades y que, al mismo tiempo, sea capaz de liberar toda nuestra energía creadora sin que se agoten sus probabilidades de éxito.

DESTERRAR NUESTROS **MIEDOS**

«¡Adiós a los miedos!» «Señor miedo, ¡márchese!» «¡Sayonara, miedo!»... Se puede decir de muchas formas, pero nosotros vamos a usar la sencilla, corta y contundente «¡Fuera miedos!». No queremos saber nada de esos miedos que pretenden acompañarnos a lo largo de nuestra existencia, ni de los temores que, día a día, intentan acercarse a nuestros corazones para meternos en la horma de su zapato, para hacernos débiles, para hacernos dóciles, para uniformarnos como individuos y convertirnos en simples objetos sociales. Nos adentraremos en el origen de la mayoría de los miedos y veremos que son absurdos e ineficaces y, casi todos ellos, inducidos por el entorno social y cultural en el que nos desenvolvemos.

SABER LO IMPORTANTE QUE ES EL **FRACASO**

Si nuestro deseo es real y de verdad merece la pena, el camino no será ni fácil ni corto. Dispongámonos a convivir con él —no nos queda otro remedio—, a aprender de él y hacer de él un gran motor que genere energía. No nos olvidemos de la energía. Cualquier jugador que se precie ha perfeccionado su estilo tras múltiples fracasos parciales, fiascos y contratiempos. Son situaciones que se dan en cualquier actividad y que pueden poner en peligro el éxito del resultado final, pero, y esto es muy importante, que no anulan definitivamente la probabilidad de su obtención. El fracaso hay que entenderlo como motor generador de un aprendizaje continuo en el camino del perfeccionamiento técnico y de él extraeremos hasta la última gota de conocimientos y sabiduría.

EMPAPARSE DE LA **PSICOLOGÍA DEL GANADOR**

Hay que empaparse de esta idea, meterse en la mentalidad de quien está dispuesto a ganar, de quien sabe que va a lograr sus objetivos. Y hay que desarrollarla y hacerla propia. Fijaos bien, observad a los personajes ganadores y sus cualidades individuales. Que es la envidia, «bien entendida» que diría un castizo, es un fantástico motor generador de energía.

DISPONER DE UN CENTRO DE GRAVEDAD PERMANENTE

Me encanta este apartado. Ya lo entenderéis cuando nos adentremos en él. Os adelanto que trataremos de ese centro necesario donde apoyar todas nuestras capacidades y toda nuestra actividad humana y profesional. Un centro desde el cual desarrollar la psicología ganadora y desde donde poder asumir los fracasos *arropados,* e incluso desde donde poder diseñar un método de trabajo que encauce toda nuestra energía creadora. Ya hablaremos, ya.

MANTENER UNA POSTURA VITAL ALEGRE

Es fundamental. Somos sólidos, nada nos tumba y por eso podemos disfrutar de la vida y dar la bienvenida a todo lo que nos rodea. Nuestro filtro sabrá aceptar lo que nos interesa y desechar lo que nos sobra, pero de entrada nuestra postura debe ser un «sí a todo», como esa ventanita que aparece en algunos programas informáti-

cos para que no tengamos que repetir la misma orden varias veces. Es fundamental (sí, aquí este adjetivo nos viene bien y por eso lo repito) dejar de lado el pesimismo, o
ese romanticismo de perdedores natos, que nos lleva a
agotar nuestras energías. Es (lo habéis adivinado) fundamental si queremos triunfar. Desde una postura vital alegre es mucho más fácil comerse el mundo y, desde luego,
mucho más divertido para todos.
   ¿Recapitulamos?

> PROBABILIDADES
> MÉTODO
> FUERA MIEDOS
> IMPORTANCIA DEL FRACASO
> PSICOLOGÍA DEL GANADOR
> CENTRO DE GRAVEDAD PERMANENTE
> SÍ A TODO

   Todas estas TÁCTICAS GENERALES, unidas a nuestras
TÁCTICAS PARTICULARES y a nuestra idiosincrasia, harán
que la ESTRATEGIA que vayamos a utilizar sea poco menos que INFALIBLE. Si a esto le sumamos una ENERGÍA
artística y creadora, tendremos a nuestro alcance CUAL-
QUIER OBJETIVO QUE NOS HAYAMOS MARCADO.
   Vamos a añadir un aderezo a toda esta *madera*. Vamos
a detenernos un rato en lo que yo llamo las «dos efes»,
una efe para FIRMEZA, la otra para FLEXIBILIDAD.

«LAS DOS EFES»: FIRMEZA Y FLEXIBILIDAD

—Parecen términos contradictorios.

—Parecen, quizá, pero no lo son en absoluto. ¿A que te acuerdas de Humphrey Bogart?

—Claro.

—¿Sabes cuál era una de las claves de su éxito? Pues precisamente esa perfecta y equilibrada mezcla de dureza y de ternura, o de nuestras dos efes: firmeza y flexibilidad.

Yo juego diariamente unas tres o cuatro horas al póquer por Internet. Como otros profesionales, sé que la combinación sistemática de estas dos actitudes, de la firmeza y de la flexibilidad, que como pensáis pudieran parecer contradictorias, es fundamental para establecer una sólida ventaja con respecto al jugador medio, quien frecuentemente no sabe equilibrarlas bien.

Insisto de nuevo: IGUAL OCURRE EN LA VIDA.

Vamos primero con el juego. El objetivo de un profesional es que su rival tire las cartas. Con eso habrá ganado la mano, tanto si llevaba la mejor jugada como si no. Para ello, ese jugador tendrá que hacer ver al rival que su jugada es peor. A veces es verdad, otras no, pero hay que intentar que el otro tire las cartas cuanto antes y que allí acabe la mano. Para conseguirlo hace falta mucha firmeza, hace falta jugar nuestra mano con mucha energía, estando, además, convencidos de que es la ganadora y hacérselo ver así al de enfrente.

FIRMEZA

Ahora bien si nuestro rival en verdad lleva unas cartas realmente buenas nos responderá con mayor firmeza que la mostrada por nosotros. Tienen que ser muy buenas si un jugador aficionado nos responde contundentemente. Un jugador de primera línea nos responderá así con cartas de medianas para arriba. Ahora es cuando nosotros debemos mostrar nuestra flexibilidad, esa flexibilidad que el aficionado nunca tiene: tiramos nuestras cartas al sospechar que nuestro juego no es el mejor en ese momento.

En esta actitud no caben soberbias, falsos sentidos de la dignidad, sentimientos personales contra nuestro rival ni ninguna otra disposición de ánimo que vaya en contra de nuestra idea de la

FLEXIBILIDAD

Esto es francamente difícil. Es, de hecho, lo más difícil para llegar a ser un buen jugador, ese jugador que tiene que saber perder la batalla con el mínimo daño, reservándose para la victoria a medio o largo plazo que está seguro de conseguir.

Como decía al principio de este apartado dedicado a las «dos efes», esta actitud de saber medir la firmeza y la flexibilidad no va, en general, con nuestra educación, con nuestra idiosincrasia:

> SABER TIRAR LAS CARTAS
> EN EL MOMENTO EXACTO

Aprender puede ser desgarrador pero es absolutamente necesario. La idea fundamental que quiero plantearos aquí es que los aficionados no aprenden esto nunca. Y ahí reside gran parte de nuestra ventaja global: pueden aprender con dificultad a ser firmes pero jamás aprenden a ser flexibles.

Os daré un ejemplo surgido de una experiencia personal mía, reciente, que puede tener, sin duda, una aplicación más general.

Escribí algunas de estas ideas mientras pasaba unos días en Camboya. Salí de Angkor (una verdadera maravilla) con un amigo para viajar hasta la capital, Phnom Penh. Alquilamos un taxi compartido cuyo precio habíamos acordado con el hotel que nos lo había procurado. Queríamos ser solo tres pasajeros, cuatro con el conductor, para tener cada uno una ventana y contemplar plácidamente la Camboya rural que íbamos a atravesar hacia el sur. El tercer pasajero resultó ser una mujer de mediana edad que el hotel había buscado para completar la expedición. Todo en orden hasta aquí.

Al salir, nos internamos en una calle, todavía de la población, y allí recogimos a una cuarta pasajera, que resultó ser hermana de nuestra acompañante. De manera un tanto brusca, le dijimos al conductor que no teníamos nada contra esa persona pero que ese no era el acuerdo. No nos entendió bien y regresamos al hotel para protestar ante el encargado, que entendió perfectamente por qué no estábamos de acuerdo, pero que nos dijo que nos conformáramos, que ya no había, a esa hora, más taxis disponibles y que él no podía hacer nada. Al ver que estábamos quedando como unos auténticos maleducados ante las personas del coche, que no entendían nuestra discusión decidimos

SER FLEXIBLES

Me acordé del póquer y tiré las cartas: acepté que el tipo del hotel nos tenía cogidos, nos había ganado la mano y había que

CEDER

Cuando llegamos a la capital, ya nos habíamos hecho amigos de las dos hermanas (la última también iba con su bebé), las habíamos invitado a comer en un puesto del camino y nos habíamos disculpado por nuestra actitud, incomprensible para ellas.

Ser firmes y, cuando hace falta, flexibles es una disposición de ánimo francamente difícil. Por supuesto que no se puede ser solo flexibles. Así son algunas, pocas, personas que resultan encantadoras pero que, desgraciadamente, no suelen obtener fácilmente la posición que merecen en nuestra sociedad.

Personas que solo saben mantener una actitud de firmeza hay muchas. Demasiadas. Nos las encontramos en diferentes grupos profesionales, en determinadas zonas geográficas, reunidas, a veces, en nombre de un sentimiento nacionalista. Son firmes; y tercas y obcecadas. Incluso cuando alguna vez tienen razón, son fuente de continuo conflicto. Las veo como hombres de las cavernas que persisten en su actitud en nuestro siglo XXI.

Si alguna vez, y serán muchas, los tenemos como rivales en nuestra actividad profesional, ya sean negocios, política o deporte nos será fácil sacarles muchísima ventaja si hemos aprendido a ser igual o más firmes que ellos, pero también a ser flexibles cuando veamos la ocasión de serlo.

Sabremos reconocer ese momento que requiere flexibilidad sin dificultad, y sabremos disfrutar de la satisfacción de su llegada, que nos dejará desplegar tácticas personales que casi únicamente nosotros dominamos.

¡Ojo! Tampoco nos vayamos a creer a estas alturas que esta disposición de ánimo se consigue simplemente con proponérselo.

No, no solemos ser así y es sabido que siempre nos cuesta muchísimo, a todos, cambiar. Pero nos ayudará el hecho de ver que este cambio de actitud nos promete tantos beneficios.

Ayer, tiré un trío de reyes que sabía que no ganaban, pero puse todo el dinero posible a una pareja de dieces, porque estaba convencido que acabarían ganando.

MEDIR LAS PROBABILIDADES

Los tenistas controlan más el segundo saque que el primero, pues si lo fallan pierden un punto; los saltadores de esquí se lanzan por el trampolín con un casco, pues aunque pueden romperse muchos otros huesos en una mala caída, la cabeza tiene más peligro.

Lo hemos visto en las series de televisión: ningún policía o soldado se lanza contra la posición del delincuente o del enemigo escondido sin que uno de sus compañeros le cubra las espaldas.

La mayoría de los mortales se hace un plan de pensiones o contrata un seguro para su casa.

La idea que quiero transmitir aquí es sencilla: se trata de salir con éxito, de regresar sin haber sido herido.

Medir las probabilidades que tenemos para alcanzar el plan general que perseguimos significa, ni más ni menos, que debemos analizar la situación con criterio y objetividad.

MEDIR PROBABILIDADES = ANALIZAR
CON CRITERIO Y OBJETIVIDAD

Ante todo: ¡CONFIANZA PLENA!
Confianza plena en el plan estratégico que nos vamos a plantear.

El plan estratégico es el CAMINO que ha de orientar la realización de metas colectivas, el que sostiene el orden y la moral de la organización.

Unas buenas valoración y medida de las probabilidades son esenciales en cualquier supuesto para un juego ganador.

Para los profesionales, es nuestra primera y principal herramienta, la más decisiva, muy por encima de otras como el análisis psicológico o el conocimiento de la manera de jugar del adversario; y por supuesto infinitamente más trascendental que las inventadas armas de los jugadores aficionados, como son las corazonadas o la creencia en la persistencia de las rachas.

IGUAL QUE EN LA VIDA. (Ya lo he dicho antes, pero es que este paralelismo es una de las ideas básicas de este texto.)

HAY QUE OLVIDARSE DE CORAZONADAS
Y DE BUENAS O MALAS RACHAS

Debemos acostumbrarnos a medir rápidamente la probabilidad de cualquier acción, por rutinaria que sea, que implique la toma, acertada o no, de cualquier decisión. Habitualmente se pueden medir los actos que parecen iguales (y que rara vez lo son). Hay que elegir siempre el que pueda resultar mejor, por nimia que nos parezca la diferencia.

> HAY QUE ACOSTUMBRARSE
> A MEDIR LA PROBABILIDAD
> DE CUALQUIER TOMA DE DECISIÓN

—¿Cómo mides las probabilidades en la vida cotidiana?

—A mis hijos les insisto en que no se suban a cualquier vagón del metro, porque los más peligrosos, los que tienen mayores probabilidades de desastre si se produce una colisión, son el primero y el último. Vale, vale, ocurrirá, afortunadamente, pocas veces, pero en el caso de que pase esta decisión puede salvarles la vida. Además, les costará muy poco tomar esta opción si son capaces de hacerlo de manera casi automática. Lo mismo pasa en cualquier sala cerrada, ya sea una discoteca, un cine o un auditorio: lo más sensato es intentar sentarse o colocarse lo más cerca de las puertas.

Respecto a esto de colocarse (en el sentido estricto del término, ¿eh?), volvamos al juego: en el ajedrez o en el póquer la situación de las piezas o la colocación del jugador pueden ser fundamentales. Es muy importante desarrollar el SENTIDO POSICIONAL. Y... ¡sí, lo habéis adivinado! Vaya, estáis sacando partido a esta lectura: EN LA VIDA, TAMBIÉN.

> EN LA VIDA, COMO EN EL JUEGO,
> SE MIDEN LAS PROBABILIDADES
> Y SE ACTÚA EN CONSECUENCIA

—¿Cuándo ha sido la última vez que mediste probabilidades en algo más o menos cotidiano, Gonzalo?

—Mirando un partido de fútbol, medí la probabilidad de que se fallara un penalti. Me salió que era tan alta como el 35 %. Había contado todas las penas máximas lanzadas al final de un campeonato de liga, observé las falladas y me di cuenta de que eran casi dos de cada cinco.

¿Cuántos establecimientos han abierto y cerrado al poco tiempo en vuestra calle? Todo es juego. ¿Por qué, si no, las empresas realizan estudios de mercado? Pues para analizar y medir las probabilidades de éxito de un negocio o de una campaña.

Está bien, me doy cuenta de que en otro apartado he alentado que se emprenda proyectos algo disparatados: ¡Soñemos con empresas que nadie antes haya realizado! ¿Os acordáis? Por supuesto, por eso os estoy dando esta explicación.

Lo que quiero decir es que para intentar individualizar al máximo esas acciones, estos sueños, nuestros planes tienen que contar con unas probabilidades mínimas, probabilidades que habrán de ser sopesadas más cuidadosamente cuanto menores sean.

> CUANTO MENORES SEAN LAS PROBABILIDADES
> DE UN PLAN, MÁS DEBEMOS ESTUDIARLAS
> Y MEDIRLAS

Ajustar el proyecto de toda una vida, o de una parte importante de esta, a la consecución de un logro casi imposible significa, necesariamente, garantizarse largas épocas de segura infelicidad.

He conocido a personas con nulas cualidades musicales que solamente deseaban triunfar en la canción moderna. He visto a aspirantes a actrices que en una primera prueba decían: «Pídeme lo que quieras menos interpretar». Incluso he estado con amigos a quienes les frustraba no poder comer en plan vegetariano en un bar de hamburguesas. Como dijo aquel torero, Rafael el Gallo: «Hay gente *pa to*».

Cuidado, que os veo venir: ¡ni un paso atrás!

Todo esto tampoco quiere decir que debamos elegir siempre lo más probable si esa actividad no la podemos personalizar y añadirle nuestro sello más individual.

Así, no por ser hijo de médico hay que seguir esa carrera, si no se tiene el convencimiento de que es una actividad que se adapta bien a nuestra manera de ser y de ver la vida. Si no vamos a tener una actitud original y solo vamos a desarrollar actividades rutinarias, tendremos muchas menos probabilidades de éxito vital en nuestro proyecto de lo que a primera vista podría parecer.

Como en todo, lo más difícil es encontrar el justo equilibrio de fuerzas entre nuestros deseos y sus probabilidades de realización. Los primeros deben tener una cuota altísima que se equilibre adecuadamente con la alcanzada por las segundas.

Os pondré un ejemplo: un buen jugador profesional nunca pondría su coche a una velocidad mayor de lo normal para llegar antes a su ciudad de destino.

La idea es muy clara, ya que el riesgo debe siempre estar proporcionado a la posible ganancia y, en este caso, al aumentar la velocidad, aumentamos, pongamos que un 5 %, la posibilidad de un accidente grave, frente a la única ganancia de llegar unos innecesarios minutos antes a nuestro destino.

Ese jugador profesional solo correría más de lo razonable si llevara un enfermo a urgencias, a su mujer de parto y en circunstancias donde el mayor riesgo se vea compensado con una mayor ganancia.

Hacer lo contrario es hacer de *primo* o *pichón,* como solemos llamar los profesionales a los jugadores débiles que se entretienen jugando.

Ya el emperador Octavio Augusto, a quien le gustaba

jugar, sacaba sus enseñanzas para la vida de sus ideas del juego. Esto escribía su biógrafo Suetonio:

> César Augusto decía que solo se debe emprender una guerra cuando se puede esperar más provecho de la victoria que perjuicio de la derrota, porque, añadía, quien en la guerra aventura mucho para ganar poco, se parece al hombre que pescara con anzuelo de oro, de cuya pérdida no podría compensarle ninguna presa.

Ya había *primos* en la época clásica.

SOLO SE DEBE EMPRENDER UNA GUERRA
CUANDO SE ESPERA MÁS PROVECHO DE LA
VICTORIA QUE PERJUICIO DE LA DERROTA

MÉTODO DE TRABAJO

Me pondré durante un capítulo de modelo. No es soberbia, sino que estoy seguro de que mi experiencia en el mundo del póquer, en especial el póquer jugado a través de Internet, puede resultar útil para comprender mejor lo que yo entiendo por método de trabajo. Pero para que no se os vaya el santo al cielo, recordemos el lema bajo el que estamos trabajando:

ENERGÍA + ESTRATEGIA = OBJETIVOS

Hace ya tres años que empecé a interesarme por el juego del póquer por Internet. Comencé visitando los diferentes sitios que ofrecían esta posibilidad. Aunque la mayoría estaban instalados en Estados Unidos, también busqué y localicé varias páginas europeas.

Durante un tiempo me apliqué en estudiar para conocer bien tanto los distintos tipos de póquer (los llamados Texas, Omaha, Seven Cards Stud y las especialidades de HighLow), como en aprender los diferentes tipos de formulación de la apuesta: con límite, pote límite y sin límite. Asimismo exploré el juego normal de mesa (*cash game*) y el de torneos, también con sus diferentes modalidades y límites.

Más adelante, hablé con Juan Carlos Mortensen, el campeón español de póquer Texas sin límite. Discutimos a propósito de la conveniencia de las partidas enteras (con alrededor de diez jugadores) o de las cortas (con cinco o cuatro rivales) e incluso de las de mano a mano, con un solo adversario.

Así, fui estableciendo las diferentes ventajas que un buen juego podía ofrecer en cada una de las diferentes combinaciones de todas estas variantes. Estuve dos años dándole vueltas a todos estos análisis.

PERÍODO DE PROSPECCIÓN: INFORMARSE, ESTUDIAR, APRENDER

Tenía avisado a mi hijo Óscar para que estuviera preparado para empezar a jugar conmigo en cuanto esta primera fase terminara. Juntos estableceríamos nuestro método de trabajo en cuanto acabara el período de prospección. Acordaos de este detalle para cuando lleguemos a hablar del *centro de gravedad permanente*.

Al final decidí que la mejor elección era el póquer Texas con límite, en partida de diez jugadores y en el sitio de Internet más concurrido, Party Poker.

Al llegar a este punto, Óscar, que ya había estudiado conmigo los recovecos de dicho juego, empezó a enseñar a un equipo formado por sus amigos más cercanos del gimnasio, donde suelen entrenar con los boxeadores del equipo olímpico español.

Son chavales con probada agresividad, algo que resulta a todas luces esencial en el póquer. Están habituados a una disciplina personal y con un espíritu ganador que no puede faltar en ningún boxeador.

DISCIPLINA Y ESPÍRITU GANADOR

Mencionar estas cualidades me lleva a pensar en que no nos viene mal un recordatorio a propósito de las tácticas. ¿Tenéis la fórmula en la cabeza?

ESTRATEGIA = TÁCTICAS PERSONALES + TÁCTICAS GENERALES

Las tácticas generales son aquellas que pueden ser desarrolladas por todos, independientemente de las cualidades personales que cada uno tenga o pueda desarrollar. Digamos que son inherentes al ser humano. Son aspectos como la agresividad, la disciplina, el sentido del orden, la constancia...

Las tácticas que se pueden poner en práctica a modo personal son aquellas virtudes que no todos tenemos y que dan una ventaja a sus poseedores en cualquier situación imaginada. Quizá la más importante sea la belleza. Quien la posee arranca con ventaja y debe aprovecharla. Otras pueden ser la riqueza, la elegancia, el conocimiento de idiomas, la simpatía natural, un mayor grado de inteligencia abstracta o incluso la altura.

Pero volvamos al póquer.

El grupo de boxeadores en ciernes y aspirantes a jugadores de póquer dan clase dos veces por semana. Y una vez al mes nos reunimos para poner en común conocimientos y hallazgos recientes, que todos buscamos en el análisis sistemático de las mejores estrategias que hay que desarrollar en relación con el estilo de juego de nuestros rivales.

Una aclaración: en el póquer todas las tácticas se tienen que ajustar al tipo de juego del contrario. No existe una estrategia universal y todo debe ser adaptado en cada partida. En este cambio continuo de marchas estriba principalmente su dificultad. Para nosotros y para los rivales.

Sobre todo parece, afortunadamente, que resulta difícil para nuestros rivales.

Alcanzado cierto nivel de juego y de conocimientos, surgían, uno tras otro, diferentes aspectos que había que

resolver. Se trataba de cuestiones de puro método de trabajo, más que del juego en sí.

¿Cómo situábamos el dinero para empezar a jugar?
¿Cómo cobraríamos las esperadas ganancias? Jugando
cada uno en mesas distintas, ¿haríamos un fondo común? ¿Con qué reglas?

De toda esta logística me ocupé yo. Y lo hice a lo largo de los primeros tiempos de juego en equipo. Tras los
dos años de análisis, todavía tuvieron que pasar seis meses más, en los cuales ya estábamos jugando, hasta que
concluimos que todo estaba a punto y engrasado.

> ## NO HAY QUE AGOBIARSE
> ## CON EL CORTO PLAZO

Cuando esto escribo las cosas están así:

• Estamos jugando ocho personas.
• Una media de tres horas y media diarias.
• Realizando más de cien mil manos en el mes.
• Cobrando las ganancias por medio de una tarjeta
  enviada por un banco de Internet que opera en to-
  dos los cajeros de España y el mundo.

Hemos jugado desde nuestros ordenadores personales, pero también desde los más variopintos cibercafés:
desde las poblaciones del desierto de Atacama, en Chile,

hasta las aldeas del delta del río Mekong o las localidades costeras de Tailandia, de donde les traje a todos, como es lógico, varios increíbles y estridentes calzones de *thai boxing*.

> ## ES FUNDAMENTAL EL TRABAJO EN EQUIPO

Hay otras seis personas (informáticos, un poeta y más boxeadores) que se están preparando actualmente para jugar, ya que el sitio de Internet ha aumentado su capacidad, triplicando el número de parroquianos, lo que nos deja mucho más campo de acción para todo el equipo.

¿Os ha servido? No es un planteamiento nada teórico, pero cada uno puede aplicarlo a sus intereses y adaptarlo.

> ## HAY QUE DESARROLLAR CON SUMO CUIDADO EL MÉTODO DE TRABAJO

> ## POR BRILLANTE QUE SEA UNA IDEA, EL DESARROLLO DE UNA TÁCTICA ES IMPRESCINDIBLE

Hay un par de actividades profesionales más a las que me dediqué en su momento, de las cuales también he sacado enseñanzas o en las cuales apliqué métodos que vienen a cuento en este capítulo.

Un factor claro para asegurarse el éxito es calcular que cualquier obra nuestra se sitúe un paso (o paso y medio como mucho) por delante de donde pensamos que se encuentra la sociedad en ese momento. Todo lo que vaya por detrás no tendrá éxito, pero lo que se adelante demasiado puede caer en un vacío que solo alguna vez se recuperará con el tiempo.

> SIEMPRE UN PASO POR DELANTE DE LA
> SOCIEDAD, NI UNO MENOS, NI UNO MÁS

Yo he sido productor de muchos cantantes y, en concreto, cuando hice los primeros discos del grupo Triana, creo que mi método se ajustó el plan a la primera idea: un paso por delante. Pareció que habíamos creado lo que la sociedad requería y en un corto espacio de tiempo tuvo éxito en todos los estratos sociales.

Sin embargo otros discos de los que hice quizá se adelantaron demasiado a su tiempo. Pienso especialmente en los primeros de María Jiménez, que han necesitado veinticinco años para que el gran público los entendiera, una vez que la sensibilidad general con respecto al melodrama hubo evolucionado, sobre todo con las películas de Pedro Almodóvar.

Y la importancia fundamental de un buen método de

trabajo, de una cuidada planificación para lograr nuestros objetivos, la sentí durante mi corta carrera cinematográfica. Rodé *Manuela,* en 1975, y obtuve un gran éxito de público.

Sin excesiva planificación de mi estrategia, sin cuidar en exceso el método de trabajo, me lancé a hacer otra película dos años más tarde, *Vivir en Sevilla.* Y aunque quizá sea mi favorita, fue un rotundo fracaso y pronto se acabó mi carrera en el cine.

Toca el turno, ahora, de hablar de los fracasos, que no son tan fieros como los pintan.

FUERA MIEDOS

Es normal sentir miedo ante una nueva situación. Vale, es normal, pero también es normal la pereza y no por ello dejamos de querer vencerla; sobre todo en nuestro caso. ¿Que cuál es nuestro caso? Qué memoria, pues avanzar en este puñado de ideas para que la ecuación

ENERGÍA + ESTRATEGIA = OBJETIVOS

nos funcione y logremos poner en marcha, con éxito, nuestros sueños y alcanzar nuestras metas.

Pues si queremos vencer la pereza, lo mismo, y con más motivo aún, debemos plantearnos con el miedo.

Y para vencer a un enemigo, lo primero es conocerle.

Y lo segundo, al menos en este caso, podría ser reírse. Reírse de ese temor y de todo lo demás, incluyéndonos nosotros mismos (pero para reírnos, tendremos que llegar al final del capítulo, qué se le va a hacer).

El miedo lo sentimos ante un riesgo, ya sea real o imaginario, o bien ante la posibilidad de que ocurra algo contrario a lo que deseamos.

Bueno, bueno, es normal tenerle miedo al fuego: si lo tocas, te quemas, eso lo sabe cualquiera. En este caso el miedo es un mecanismo de defensa, de supervivencia. Entre lo razonable y lo insensato es donde debemos movernos para llegar a detectar cuáles son los miedos infundados, o los que seremos capaces de vencer, y cuáles son los que responden a la propia naturaleza humana.

Pero si pensamos en el miedo como algo imaginario es muy fácil que este maldito sentimiento desaparezca.

> EL MIEDO ES EL TEMOR A UN RIESGO,
> TANTO REAL COMO IMAGINARIO

«¡Qué tontería! Aprensivo yo, imaginándome cualquier desgracia.»

Claro, claro. En frío, ninguno tememos nada. Es más, a veces hasta disfrutamos, como cuando vemos películas de terror.

Pero pensad en la venida al mundo de un hijo y en los miedos que nos genera todo lo que le pueda pasar: muerte súbita durmiendo, fiebres que le lleven a la meningitis...

¡Sí, exagero! Pero quién no ha pensado así cientos de veces a lo largo de la infancia de sus hijos y no se ha sentido aterrado ante la simple idea de que algo así ocurriera.

Y así nos pasamos la vida, alimentando temores que nos pueden llevar a ser, como en este caso, unos padres insoportables, pues hay una clase de miedo que, normalmente, se basa en una invención.

A veces os asustáis (nos pasa a todos) ante situaciones que no merecen semejante esfuerzo. Debéis pararos a pensar qué tenéis delante y qué respuesta requiere. Pero los seres humanos nacemos con un miedo de origen, con un temor a lo desconocido. Luego, la educación, la sociedad nos imprimen otros (religiosos, afectivos...). Y aunque nuestra civilización avance, no hemos logrado desterrar del todo la sensación más primaria de miedo.

Y surgen algunos nuevos: pánico a la contaminación de la atmósfera, al calentamiento del planeta y a que desaparezca la capa de ozono que nos protege de los rayos del sol. Miedo a que suba el nivel de los océanos. Son temores provocados, en gran medida, por esa nueva *religión* que es la ecología.

No os digo nada del temor a las armas de destrucción masiva y a quién pueda tenerlas y para qué.

¿Y qué pasa con el miedo a la superpoblación, a los contagios de enfermedades nuevas, a las culturas diferentes (antes era el *peligro amarillo,* ahora, el islámico)?

Y existe el temor a lo nuclear, a la adicción que provocan los televisores, Internet o los simples videojuegos: esto es, sencillamente, miedo a los avances tecnológicos.

¿Y los descubrimientos genéticos? Parece que todo lo que se inventa para liberarnos o darnos una mejor calidad de vida es, al final, algo peligroso que puede ofrecernos bastantes más quebraderos de cabeza que soluciones a problemas. Miedo al progreso.

HAY MIEDOS GENERALES Y MIEDOS PERSONALES

Estaréis pensando: «Sí, todo esto está muy bien, pero cuando me asusto de verdad es ante las cosas de mi vida, las más cercanas». ¿Sí? Vaya, parece que ya nos vamos conociendo.

Efectivamente, también existen los horrores creados para que aniden en el interior de cada uno. Miedos que no se comparten con los demás y que deben ser los compañeros de viaje íntimos durante toda la vida.

Son temores psicológicos que, encima, parece que dan mayor profundidad a la personalidad del individuo moderno: pánico a hablar en público, al fracaso profesional, a la mujer, y viceversa (o sea, al hombre), a no conseguir la satisfacción sexual con la pareja ni a ser capaz de proporcionarla (y así, amigos, *gatillazo* asegurado).

¿Os acordáis de la letra de aquella canción: «Miedo, tengo miedo, miedo de quererte...»?

A veces, da la sensación de que las religiones, las ideologías políticas, los pensamientos filosóficos se inventaron más para atemorizar al ser humano que para liberarle de aprensiones, desconfianzas o cobardías.

Es como si un individuo sin miedos pudiera llegar a ser realmente peligroso.

Quizás sea imposible aglutinar a los individuos en sociedad si no tienen miedos. Mi hermano cree que tampoco nos consienten la alegría, porque una sociedad demasiado alegre no es manejable.

Puede que sea cierto.

Pero no nos vamos a dejar vencer por todo ello.

Recurramos a nuestra energía, a nuestros sueños.

Apliquemos nuestras tácticas y sigamos adelante con nuestra estrategia.

En la sociedad en la que vivimos, podemos zafarnos de esa pesada carga de los miedos. Unos cuantos hemos decidido hacerlo. ¿Me sigue alguien?

Podemos quedarnos con el miedo a la muerte, que quizá a muchos les protege sanamente de vivir de manera irresponsable, pero de todos los demás, tan artificiales, sí que debemos, mejor dicho, sí QUE VAMOS A DESPRENDERNOS.

> HAY TEMORES QUE SON MECANISMOS DE DEFENSA, CUESTIÓN DE SUPERVIVENCIA

Basta con detectarlos, verlos, analizarlos y comprobar que no creemos en ellos.

Para ello, aplicaremos técnicas de juego y nos guiaremos por la probabilidad, que nos regulará la aceptación de ciertos riesgos bien calculados.

DETECTEMOS, ANALICEMOS Y COMPROBEMOS QUE NO CREEMOS EN NUESTROS MIEDOS

¿Que se talan muchos árboles en la selva del Amazonas? Sería mejor que no ocurriera, desde luego, pero es una preocupación para la sociedad y yo solo soy un individuo. La probabilidad de que eso signifique un riesgo para mi vida de hoy no merece ser tomada en cuenta. Y lo mismo vale para los pozos de petróleo que arden en Oriente Próximo, e incluso para el naufragio de barcos llenos de carburantes. Que los políticos y los periodistas no interfieran más de lo razonable en mi vida diaria con catástrofes que no lo son para mí, por tremendas que resulten. ¿Acaso lo son tanto para ellos? ¿No será su medio de ganarse el pan?

No hablemos ya de los miedos psicológicos. Parece que todos giran en torno a la sexualidad. Pero, creedme, no hay ninguna posibilidad de que, despreciando estos temores, corramos el mínimo riesgo en nuestra vida. Más bien al contrario: con toda seguridad amaremos más y mejor, nuestro potencial crecerá como estandarte en la batalla.

Vivir es lo único importante y está demostrado que la gente vive feliz cuando no tiene miedo a ser de baja estatura, de poca cultura oficial o a no entender de ópera, diseño e incluso gastronomía (pero seguro que comer bien sí que saben).

Ninguno de estos miedos pone en riesgo nuestra vida y, por tanto, ninguno tiene base real para entrar a formar parte de nuestras preocupaciones. No son temores naturales sino que han sido inducidos por cuestiones sociales y culturales.

VIVIR ES LO ÚNICO IMPORTANTE

Ya hemos hablado del individualismo del jugador de póquer, sí, ese tipo que es *lo más contrario que existe a un autobús repleto de japoneses.*
A un buen jugador no le preocuparán demasiado las desviaciones de las ayudas al desarrollo o la firma del protocolo de Kioto.

Son problemas generales planteados a toda la sociedad y él se siente más como individuo que como ente social. Piensa que son las organizaciones sociales y los políticos quienes han de afrontar esto y dar la cara.

Individualmente, el jugador se siente liberado de esas obligaciones porque no tienen nada que ver con su vida real de todos los días.

Además, aunque quisiera involucrarse, se encuentra sin medios, como el resto de los ciudadanos, para remediar esas hipotéticas catástrofes.

Por último, piensa que alguna de ellas son pura invención, que la mayor parte de ellas no son ciertas, al menos no como nos las cuentan *los de arriba.*

AQUÍ y AHORA. Estos son los únicos ejes del mundo inmediato del jugador, los únicos que requiere toda su atención.

Mucho ojo con lo que voy a decir: ¿no será que nos preocupan muchas cosas porque nos aburrimos sobremanera? Evidentemente el hombre contemporáneo se hace más social cuando disfruta de más tiempo libre y esto, siendo bueno, le crea un rosario de temores antinaturales de los que carecía el hombre primitivo, de los que carecen el esquimal o el jugador, solo preocupados por la supervivencia individual, una preocupación donde no cabe el aburrimiento.

Hay temores circunstanciales, momentáneos, que van salpicando nuestra vida e intentando socavar nuestro día a día.

En un entorno competitivo, estos miedos turban a veces las posiciones de rivalidad en relación con las otras personas. Es aquí donde creo que pueden ser más valiosas las técnicas de juego y donde más provecho se les puede sacar.

Veamos casos concretos, para entendernos mejor.

> ## LAS TÉCNICAS DEL JUEGO SON UN ESCUDO CONTRA NUESTROS TEMORES COTIDIANOS

Imaginad: estamos enfrascados en una situación de competencia con otra persona o con una empresa. Ambas partes pretendemos el mismo fin, un fin donde no hay cabida para más de uno (un contrato, un puesto de responsabilidad; lo que sea).

De repente sucede algo inesperado que puede hacer cambiar las condiciones de la *batalla* (una nueva ley, un relevo en puestos clave de la dirección, un cambio en las condiciones económicas generales o particulares...). El nuevo escenario despierta, lógicamente, temor, ya que nos obligará a cambiar de estrategia. Nos hace perder un apoyo en el que confiábamos y, en definitiva, altera el primer plan que habíamos trazado.

Trasvasemos la situación a un juego conocido como es el póquer. Llevamos pareja de reyes en la mano, jugamos contra un solo jugador y, en las cartas comunes, después de tres cartas bajas, aparece un amenazador as.

Es lógico que nos infunda miedo, pero el buen jugador tiene que reaccionar inmediatamente considerando el temor que probablemente también ha despertado en nuestro único rival.

Esta actitud es fundamental. Quizá ese as suponga para el otro la desaparición de toda esperanza de triunfo: ocurrirá siempre que no lleve esa carta en su mano, lo que es más frecuente que lo contrario. En ese caso sentirá más miedo que nosotros, que podremos aprovechar la situación para aparentar que ese as viene bien a nuestro juego, y lograr así que nuestro contendiente abandone: habremos conseguido transformar nuestro miedo inicial en un arma definitiva para la victoria.

Volvamos al caso planteado en la vida real. Esa circunstancia que nos provocó temor puede probablemente despertar más miedo en nuestro rival que el que nos produjo a nosotros si aparentamos que nos es indiferente o incluso favorable. Allí mismo puede decidirse a nuestro favor la lucha.

Estas situaciones se producen constantemente en el juego, y ese entrenamiento de actitud mental es muy beneficioso aplicado a la vida cotidiana.

Desde luego, la persona que sepa vivir sin miedo (dejando nada más que los temores razonables, para vivir seguro) e incluso que sepa marcar una pausa para dejar al rival que demuestre sus temores antes que mostrarlos él mismo, esa persona tiene ganada la posición y la iniciativa, que son dos aspectos esenciales en la pelea diaria.

El buen jugador siempre está más atento a los impactos que diferentes hechos pueden causar en un rival que los que le puedan causar a él mismo. Es una manera incluso generosa de plantearse su actividad, ya que está más preocupado del otro que de sí.

> EL BUEN JUGADOR ESTÁ MÁS ATENTO A LOS
> CAMBIOS EN EL RIVAL QUE A LOS SUYOS

El jugador egocéntrico, ese a quien le gusta contemplar hasta la saciedad sus haberes y posibilidades, está siempre perdido ante el rival que considera esos mismos pensamientos pero desde el otro bando.

Cualquier jugador de ajedrez sabe que tiene que dedicar casi todo su tiempo a pensar en el otro y sus eventuales reacciones. Igual pasa en el póquer y otros juegos de competencia directa. Lo mismo debe pasar en nuestra vida profesional, de la que el juego no es más que su metáfora más bella.

Y de miedos habíamos quedado que los justos y necesarios, y nada más, ¿no?

Pues eso. A seguir como Juan: *Sin miedo*.

Sí, que me acuerdo que habíamos hablado de la risa, que a primera vista parece los más alejado del miedo, ¿no es verdad?

> ## PARA QUE LAS COSAS FUNCIONEN,
> ## NADA COMO LA RISA

—No siempre es fácil reírse, Gonzalo.

—Es verdad, no siempre podemos romper a reír pero hay muchísimos momentos en los cuales sí que es posible y no sacamos provecho de la ocasión.

Creo que fue el Dalai Lama, el jefe espiritual de los budistas, quien una vez dijo no entender cómo los occidentales nos reíamos tan poco.

Supongo que lo pensaría al compararnos con él y con sus monjes, quienes sí lo hacen, y mucho, y con menos motivos aparentes, dadas sus duras condiciones de exilio, por ejemplo.

Otro detalle a favor de la risa es, según cuentan quienes de esto saben, la importancia que dan las mujeres a los hombres que saben hacerlas reír. Y ya se sabe que todo lo que a las mujeres les parezca importante debe ser considerado como fundamental.

Médicos y psiquiatras tienen en muy alta estima los beneficios de la risa, pues son tanto físicos como psicológicos.

Yo, desde luego, siempre he procurado que mis hijos, de pequeños, se rieran todo lo posible. Y lo sigo intentando ahora que son mayores, claro, pues la capacidad de reír no se pierde con la edad; que no tiene fecha de caducidad, vamos.

Cada año, vamos al carnaval de Cádiz, repasamos las películas de Jacques Tati y leemos narraciones de Mark Twain. Y hay más donde elegir.

Hablando de literatura, ¿recordáis aquella novela de Umberto Eco tan famosa, *El nombre de la rosa*? Pues en esa trama la risa jugaba un papel fundamental: uno de los malos era un ser absolutamente contrario a la risa; por eso sería malo, el pobre hombre.

En cualquier relación laboral la risa será siempre una muestra de armonía y de equilibrio. Provocarla, incentivarla debería ser una de las obligaciones de un empresario inteligente y bien intencionado.

Que sí, que sí, que ya sé que muchas veces la carcajada o la sonrisa no surgen tan espontáneamente como nos gustaría. Y en esos momentos se agradece la presencia de alguien que intuya la importancia de su papel y que consiga que la risa rompa, entre el regocijo de todo el mundo. Suelen ser personas apreciadas por su indiscutible poder social.

Mientras que hay pueblos como el japonés, poco dados a la risa, otros, como el indio, tienen una gran propensión a ella.

En Bombay, por ejemplo, grupos amplios de personas se reúnen periódicamente para reír juntos. Algunas veces empiezan forzando la carcajada, hasta que se desencadena una hilaridad general.

Es algo parecido a esas grabaciones con risas, que contagian a todo el que las oye.

Creo que en Europa reímos menos que en América; y que los italianos ríen más que los alemanes.

Posiblemente sea una cuestión cultural pero igual que se aprende un idioma extranjero se puede aprender un sentido del humor, de la risa.

Venga, un esfuerzo...

Ja... ja... ja... ja... ja... ja, ja, ja, ja, ja, ja, ja, ja, ja, ja, ja, ja, ja, ja, ja, ja, ja, ja, ja, ja, ja, ja, ja, ja, ja, ja, jajajajaja-jajajajajajajajajajajajajajajajajajajajajajajajajajajaja-jajajajajajajajajajajajajuajuajuajuajuajuajuajuajua-juajuajuajuajuajuajuajuajuajuajuajuajuajuajuajuajuaju ajuajuajuajuajuajuajuajuajuajuajuajuajuajuajuajua-juajuajuajuajuajuajuajuajuajuajuajuajuajuajua-

juajuajuajuajuajuajuajuajuajuajuajuajuajuajuajuajua-
juajuajuajuajuajuajuajuajuajuajuajuajuajuajuajuajua-
juajuajuajuajuajuajuajuajuajuajuajuajuajuajuajuajua-
juajuajuajuajuajuajua

LA IMPORTANCIA DEL FRACASO

No siempre las cosas salen como queríamos, ni todo resulta tan favorable como podría pensarse.

Cabe la posibilidad de que a pesar de haber dejado de lado los miedos, contado con un método de trabajo bien estudiado, medido las probabilidades, planteado una estrategia, a pesar, incluso, de nuestra energía, cabe la posibilidad, decía, de que nos tengamos que enfrentar con un fracaso.

No pasa nada. De todo se aprende.

Recordad que nuestro lema sigue siendo el mismo:

ENERGÍA + ESTRATEGIA = OBJETIVOS

Acordaos de lo que hemos dicho en el capítulo anterior, *Vivir es lo único importante.* Así, que podemos aplicar esa frase popular de que *lo que no mata engorda.*

DE LOS FRACASOS TAMBIÉN SE APRENDE

Ante un fracaso debemos aprovechar las técnicas que el juego ha descubierto para esas incómodas circunstancias. No hay jugador en el mundo que haya aprendido a perfeccionar su estilo si no ha sido después de conocer muchísimos fracasos parciales. Ojo: son BATALLAS perdidas, que no GUERRAS. Estas batallas no son sino una multitud de contratiempos que se producen normalmente en cualquier actividad, que ponen en cierto peligro el éxito del resultado final, pero que no anulan definitivamente, ni muchísimo menos, la probabilidad de su obtención.

UN FRACASO PONE EN CIERTO PELIGRO EL RESULTADO FINAL, PERO PARA NADA LA PROBABILIDAD DE SU OBTENCIÓN

No hay campeón de ajedrez o de póquer, y sé de lo que estoy hablando, podéis estar seguros, que no haya conseguido dominar sus técnicas ganadoras sin haber perdido antes muchas partidas, sin haber pasado por lo que podemos llamar situaciones de fracaso.

Cuando ganamos, tendemos a minimizar el factor suerte y nos recreamos especialmente en el buen uso que hemos hecho de nuestros conocimientos.

En muchas victorias, quizá hayan sido esos los elementos decisivos, sí, pero otras veces ganamos después de haber cometido errores de una cierta importancia, que han sido compensados, no obstante, por una buena suerte poco analizada.

Difícilmente seremos capaces de limar esos fallos de nuestro juego cuando, a pesar de ellos, se produce el triunfo, si no tenemos en cuenta el papel desempeñado por la suerte.

Sin embargo, un jugador serio eliminará con facilidad de su estilo aquellas jugadas que le llevaron a la derrota:

- «No tienen tanta fuerza un nueve y un diez, aunque sean del mismo color, en esa posición.»
- «No debí adelantar aquel peón que debilitó mi flanco derecho.»
- «Aposté demasiado fuerte en una situación, que aunque ventajosa, no se veía respaldada por una banca suficiente.»
- «Calibré mal las posibilidades reales de mi contrincante.»

Como se puede ver sin demasiado esfuerzo, algunas de estas reflexiones, especialmente las últimas, pueden presentarse en multitud de circunstancias que no tengan nada que ver con lo que entendemos como juego. Pueden haberse planteado en la mente de cualquier profesional o de cualquier hombre de negocios.

Todas ellas no se habrían producido si al final hubié-ramos acabado ganando. Solamente vienen a nuestra mente cuando hemos perdido, cuando se produce nues-tro fracaso parcial.

Cuando nuestra cualificación profesional está basada en el dominio de unas técnicas concretas que solo somos capaces de perfeccionar después de haber fracasado, tendríamos que pensar en este fracaso como algo benefi-cioso, sobre todo si se produce en su momento adecuado en nuestras primeras fases de aprendizaje.

> EN LAS PRIMERAS FASES DEL APRENDIZAJE,
> EL FRACASO PUEDE SER BENEFICIOSO

—Parece que te apetece fracasar, Gonzalo, me cuesta creerlo.

—No, por supuesto que no hay que desear ningún fracaso. Claro que nunca vamos a celebrar que se pro-duzca, pero si lo consideramos inevitable tendremos que prevenir su llegada y determinar una estrategia para sa-carle algún provecho residual.

Un jugador no acepta el fracaso como algo positivo cuando cree que está en posesión de una técnica definiti-vamente perfeccionada.

Esto nunca parece que pueda darse en el ajedrez, cu-yas posibilidades se acercan al infinito, pero es posible si nos referimos a juegos con un menor grado de complejidad, como podrían ser el blackjack, ciertos sistemas aplicados a la ruleta o incluso las modalidades limitadas del póquer. En estos casos sí se puede llegar a dominar las técnicas casi en su totalidad.

Cuando de sistemas definitivamente perfeccionados se trata, cuando todas las variantes han sido tomadas en cuenta y debidamente analizadas, los fracasos siempre serán desviaciones de la suerte que se presentan en el corto plazo, pero que desaparecerán en uno más largo. Poco podremos aprender entonces de ellos, pero en el camino para la consumación del perfeccionamiento técnico han debido ser una circunstancia ineludible y de la que hemos extraído nuestros últimos conocimientos.

Vamos a llevarlo a la vida cotidiana. ¿En cuántas actividades podemos presumir de haber llegado al perfecto dominio de técnica?

Probablemente en ninguna, porque la vida es más compleja que ningún juego y nunca podremos poner la palabra «fin» a nuestros conocimientos necesarios en cualquier área profesional, laboral o de negocios.

Ya lo he señalado, me repito, pero hace falta: vivir es muy parecido a jugar.

Sin embargo, mientras que el juego se suele desenvolver en un universo cerrado, con leyes perfectamente definidas y definitivas, nuestra experiencia vital está mucho más abierta a multitud de variantes psicológicas o sociales que nos depararán nuestra relación con otros seres humanos tomados de manera individual o colectiva, y también hay algunas otras circunstancias externas, ¿a que sí?

Por eso, si es necesario aprender de los fracasos en todas las áreas de juego, mucho más necesitamos aplicar esta técnica en la actividad diaria de nuestra vida. Si antes hemos hablado de tratar de eliminar miedos infundados que rodeaban nuestra existencia, ahora podemos entender claramente que no hay temor más injustificado que el miedo al fracaso.

Si dejamos de temerlo, estaremos alejando la posibilidad de que suceda y, además, cuando sea inevitable, aprovecharemos para extraer un aprendizaje, esencial en el dominio de nuestra técnica de cómo trabajar, de cómo crecer, de cómo vivir.

> NO HAY TEMOR MÁS INFUNDADO
> QUE EL MIEDO AL FRACASO

El fracaso siempre es el pasado. Una vez que ha ocurrido, todo el provecho que extraigamos tiene que estar mirando al futuro.

> SOLO EXISTE EL FUTURO

—¿Eso qué quiere decir, Gonzalo?

—Pues que cuando pensamos el presente, sentimos

que ya pasó. El presente está hecho de una materia tan delicada que solo el tiempo que necesitamos para pensarlo lo vuelve rancio.

¿Os habíais dado cuenta de una cosa? Nuestra relación con el futuro suele indicar claramente el rasgo de nuestra edad.

Mientras seamos capaces y busquemos y encontremos motivaciones para ocupar el mayor porcentaje de nuestro tiempo pensando en el futuro, seguiremos siendo jóvenes y creativos.

Por el contrario, si nuestra atención está sobre todo fija en el pasado, estaremos emprendiendo el camino de la rendición, que también puede ser una sensación dulce si nos llega a los años que hemos previsto, pero que denotará, sin duda, el voluntario fin de nuestra vida activa.

> NOS MANTEDREMOS JÓVENES SI TENEMOS ILUSIONES PUESTAS EN EL FUTURO

Pero muchísimas personas pierden la noción del futuro demasiado pronto, a una edad en la que no corresponde.

La naturaleza, que dicen que es sabia, tiene sus recursos para ayudar en estos procesos e incita a que nos representemos el futuro por medio de grandes estímulos, que toman forma de manera muy especial en nuestros hijos. Siempre que ellos no hayan rebasado el período de su adolescencia tendremos provisiones para nuestro diario viaje por el futuro.

Retrocederemos con más facilidad al pasado cuando nuestros hijos se hagan mayores, pero para entonces la naturaleza nos podrá haber deparado el formidable descubrimiento de nuestros nietos.

Es la esplendorosa energía de la vida que alimenta las calderas de nuestro barco con renovados materiales. ¿Bonito, verdad? Pero esto está directamente relacionado con uno de nuestros lemas: «¡Buenos días, energía!».

> ## LOS HIJOS SON UN GRAN ACICATE PARA MIRAR SIEMPRE HACIA EL FUTURO

Vale, vale, no me miréis así, sobre todo los que no tenéis hijos, sea por la razón que sea...

Pongamos que no se tienen hijos. En estas circunstancias, y si se ha pasado esa barrera psicológica de los cuarenta años, habrá que proveer nuestra vida de unas energías alternativas que vengan a sustituir a las que la naturaleza nos tiene asignadas. Y son necesarias porque si dejamos discurrir nuestra vida por su curso natural, cada día seremos más deudores del pasado y nos interesará menos nuestro futuro.

DEBEMOS PROVEERNOS DE ENERGÍAS ALTERNATIVAS A LAS QUE LA NATURALEZA NOS TIENE ASIGNADAS

Se me ocurre que la primera opción es una vida profesional plena (quizá esa que no permite a una actriz disfrutar de la infancia de sus hijos) que nos estimule intelectualmente y nos permita relacionarnos de manera muy activa con nuestro entorno, así como mucha vida social rica y plena de interés. Es lo que puede ocurrir en las comunidades científicas, en los proyectos políticos, en los círculos artísticos, por ejemplo.

Imaginad un momento (seguro que conocéis a alguien en las mismas circunstancias) a una persona con un trabajo gris y rutinario, sin hijos y que ha pasado los cuarenta. Con estos escasos trazos, no da la sensación de que pueda estar lleno de energía, ¿verdad?

Hay que procurarse algunas zozobras para mantenerse realmente vivo. Ya hemos aludido a las que dan los hijos, pero también están las que procuran las situaciones inestables.

¡Aquí quería yo que llegáramos!

Magnífico puerto de arribada: SITUACIONES INESTABLES DESEADAS.

Puede parecer paradójico, pero creo que sin ellas, en su debida dosis, no podemos llenarnos de futuro, de ahí el respeto e incluso el amor que le debemos profesar a las crisis.

LAS CRISIS SON PRUEBAS QUE HAY QUE GANAR PARA MEJORAR

Crisis, crisis, crisis. «¿Crisis? ¿Qué crisis?», titulaba el grupo Supertramp uno de sus discos. «Crisis»: La palabra más temida en nuestra sociedad moderna. Por eso hay que enfrentarse a ella en lugar de huir. Hay que enfrentarse con la decisión de quien sabe que va a salir de ella mejor de como entró.

No se puede progresar sin crisis, son pruebas que hay que ganar para mejorar nuestra capacidad, nuestra inteligencia, nuestra situación en la sociedad.

NO SE PUEDE PROGRESAR SIN CRISIS

Como ya estáis familiarizados con el póquer, volvamos a tomar como referencia las técnicas empleadas por los jugadores profesionales, quienes, ahora lo veremos, tienen sus vidas instaladas en una permanente crisis.

¿Qué es si no una partida de póquer, la final de un mundial de ajedrez o la temporada de verano de un torero? Crisis, situaciones de inestabilidad donde todo el entorno del jugador (mujer, hijos, amigos) está también con el alma en vilo, esperando la superación de esta crisis deseada, buscada como medio de transformación del presente en el futuro.

Como en el caso de los fracasos, no es que os esté diciendo que hay que desear que lleguen las crisis, pero desde luego no hay que temerlas, no hay que amedrentarse ante la inestabilidad que pueda proceder de la actividad profesional de nuestro círculo familiar.

> ## NO HAY QUE TEMER LAS CRISIS

Esa inestabilidad nos obligará a estar pendientes del futuro, cuando los hechos del pasado ya solo tengan carácter de referencia (siempre para aprender de ellos, por supuesto).

Esta inestabilidad tendrá que absorber nuestro pensamiento con todas sus posibles variantes, sus posibles combinaciones y sus posibles soluciones, haciéndonos sentir vivos.

> ## VIVIR ES ENTRAR EN CRISIS, SUPERAR SITUACIONES DE INESTABILIDAD

La vida nos tiene que ofrecer las crisis, palabra que ya en singular parece plural. Nos hacen falta muchas y que sucedan a lo largo de toda nuestra existencia.

PSICOLOGÍA DEL GANADOR

¡Hasta aquí hemos llegado!

¡Ya está bien de hablar de miedos y de fracasos!

Claro que era necesario hacerlo, pues en nuestro camino (¡premio!, sí voy a repetir la fórmula) nos encontraremos con todo eso.

El camino es este, por supuesto:

OBJETIVO = ENERGÍA + ESTRATEGIA

Ha llegado el momento, entonces, de pensar en que vamos a lograrlo, en que vamos a ganar, en que vamos a llevárnoslo de calle.

Hay mucho escrito y mucho hablado sobre este asunto, sobre las características del ganador. Psicólogos y demás expertos en el comportamiento lo han debatido hasta la saciedad.

Se ha llegado incluso a afirmar que hay pueblos que

parecen tener más espíritu ganador que otros. Se habla, también, de espíritus religiosos más o menos ganadores.

Hay grupos sociales, dicen, que tienen tendencia a buscar la pérdida, el fracaso, y que han sido mitificados, en los últimos tiempos, por la prensa y los medios de comunicación (en las películas, en las novelas) como esos grandes artistas que buscan sistemáticamente su ruina, a pesar de haber dispuesto de ocasiones favorables que, de aprovecharlas, les hubieran llevado al tan *temido* triunfo. Existe una estética del fracaso.

«No voy a estropear una vida de fracasos con un estúpido éxito al final de ella», dicen que algunos han dicho. Estas frases apócrifas quedan bien. Que sean ciertas es otra cosa muy diferente.

El mito del perdedor surge de los trabajos de un grupo de novelistas y cineastas estadounidenses que gustaban de llamarse la «generación perdida». Gracias a estos trucos, verdaderas estrategias de marketing, y a la generalizada estulticia mediática consiguieron un gran éxito, que probablemente es lo que buscaban realmente con su mitificación de la pérdida.

¿Contradictorio, no? Quizá no tanto y lo que realmente ansiaban era el éxito, aunque hubieran de *disfrazarse* de perdedores para ello.

Como os imaginaréis (que ya nos vamos conociendo), mi planteamiento vital, es desde luego, muy diferente.

Estoy convencido de que se puede triunfar y ser feliz, ganar dinero y ser feliz, tener salud y ser feliz.

Parecen obviedades, pero en nuestra sociedad contemporánea, que gusta de cambiar y poner en cuestión todos los valores llamados clásicos o tradicionales, pueden ser verdades que hay que estar dispuesto a defender, y saber hacerlo.

> SE PUEDE TRIUNFAR Y SER FELIZ,
> GANAR DINERO Y SER FELIZ,
> TENER SALUD Y SER FELIZ

Podéis estar seguros de una cosa: en el mundo del juego, si no se tiene psicología de ganador no se gana.

El jugador profesional tiene que estar convencido de su ventaja (por eso es profesional). Una vez analizada y medida, dicha ventaja debe manifestarse en el medio plazo, venciendo a las variables de la suerte, que también ha sido medida y tabulada para tener estudiada su influencia y sus límites.

Una vez equipado con estas armas, el jugador profesional (por eso es profesional, insisto), si ha hecho todo correctamente, no duda de que la victoria llegará, indefectiblemente, en el plazo medio.

Otra vez «lo mismo en la vida».

¿A que os suena esta frase?

Mejor dicho: ¿a que ya os va sonando bien, coherente y convincente todo este camino hacia el buen uso de la energía que estamos recorriendo?

Yo creo que vamos bien: sigamos así.

SI NO SE TIENE PSICOLOGÍA DE GANADOR, NO SE GANA

Todas estas medidas y análisis son lo que estamos intentando desgranar en este libro...

Perdón, perdón: no «estamos intentando desgranar», no, ESTAMOS DESGRANANDO.

Hay que tener espíritu ganador en todo momento.

Continúo: cuando estas medidas y estos análisis se hayan hecho correctamente, será necesario, además, tener psicología del ganador.

En nuestra lucha diaria no disponemos de los parámetros exactos que la matemática proporciona a la mayor parte de los juegos. Quiero decir con esto que, aunque tengamos confianza en nuestros pasos, no hay algo que certifique rotundamente que estos han sido dados con toda corrección. Esa imposibilidad de contrastar con una tabla de actos ideales nos puede llevar a la duda y al miedo de no haber estado acertados en nuestras decisiones.

Pues aquí, precisamente, es donde tenemos que poner en práctica nuestra psicología de ganador.

Ya no hay tiempo para dudas. Hay que tomar decisiones y tenemos que tener confianza en nosotros mismos.

Alguna vez podremos estar equivocados, claro que sí. ¿Cómo era aquella frase?: «Nadie es perfecto». Pero es mejor actuar con la convicción de que en la mayor parte de las ocasiones estaremos tomando la decisión correcta.

> PODEMOS EQUIVOCARNOS,
> PERO HAY QUE ACTUAR CON CONVICCIÓN

Si los demás nos ven dudar desconfiarán de nuestras capacidades. Tenemos que dar una imagen cierta de seguridad, de firmeza, que convenza a todos, y también a nosotros mismos.

> SI LOS DEMÁS NOS VEN DUDAR,
> DESCONFIARÁN DE NUESTRAS CAPACIDADES

—Gonzalo, ¿cómo es esto llevado a la práctica?

—A mi equipo de póquer les digo: «Al sentaros a jugar en Internet, confiad en que vais a ganar. Habéis visto en meses pasados que, de treinta días de juego, al menos en veinte acabamos ganando, tanto individualmente como el equipo al completo. Es decir: parece que ganamos dos días de cada tres, de manera que lo más probable en cada sesión diaria individual es que acabemos ganando.

»Es verdad que en muchos casos lo pasamos mal, y a veces nos metemos en unas pérdidas que, lógicamente, nos preocupan. Pero que al final recuperamos, y terminamos ganando. Poco, pero ganando.

»Cuando arrancamos bien, y a mitad de partida estamos arriba, es muy fácil que se produzca una barrida, que les ganemos una cantidad que *ellos* nunca son capaces de ganarnos, porque además de ganarles más veces, nuestras mejores partidas suelen ser superiores a aquellas en las que *ellos* nos consiguen ganar.

»Hay que fijarse que en todo el tiempo de juego, a lo largo del mes, vamos ganando en muchos más momentos de los que lo pueden decir *ellos*. Esto es lo que les explico a los integrantes de mi equipo de póquer. Y funciona.

—¿Quiénes son *ellos*?

—*Ellos* son, normalmente, jugadores estadounidenses a quienes desafiamos diariamente en lo que constituye su juego nacional, el póquer. Son gentes que, mucho más que en Europa, se han educado con la idea de ser ganadores en sus vidas.

Pero nosotros más. Su dinero suele venir para aquí. Es cuestión de psicología de ganador, ni más ni menos.

CENTRO DE GRAVEDAD
PERMANENTE

Busco un centro de gravedad permanente
que no varíe lo que ahora pienso de las cosas,
de la gente,
io necesito un centro di gravità permanente
che non mi faccia mai cambiare idea sulle cose,
sulla gente.
Over and over again.

Siempre me gustó mucho esta canción del italiano Franco Battiato. La interpreto como la búsqueda incesante de ese punto de apoyo (el centro de gravedad permanente) necesario para todas nuestras capacidades, toda nuestra actividad humana y profesional.

Tenemos mucho camino por delante cuando decidimos ir hacia nuestro objetivo y, como hemos visto, las cosas no siempre salen a la primera (a veces ni a la segunda) como habíamos planeado.

Igual que si atravesamos un puente un día de mucho

viento necesitamos algo donde agarrarnos, en el sendero hacia nuestras metas vamos a utilizar alguna vez esas agarraderas.

Un boxeador o un torero, jugadores ambos, tienen que prestar mucha atención a la colocación de las piernas, pues esta debe asegurarles la mayor estabilidad posible. Estabilidad para poder aguantar las embestidas del rival (hombre o toro), que busca desequilibrarle con todas sus fuerzas.

En el caso del púgil, necesita además este centro de gravedad desde el que lanzar sus golpes con la mayor contundencia. Sus ataques se cimentarán en este centro en el cual se basa todo su desarrollo de potencia.

SIN UN BUEN EQUILIBRIO NO HAY EFICACIA

El compás de piernas abierto y desde allí la correcta relación de brazos y cintura, que deben estar detrás de todo golpe, es lo que hacía temible a Joe Louis, el Bombardero de Detroit, y a todos los boxeadores que han destacado por su buen manejo del *cloroformo*. Sin un buen equilibrio no hay contundencia, que es la eficacia del boxeador.

Desde el punto de vista físico esta clarísimo, ¿no?

Pues en lo psicológico, en lo sentimental, tres cuartos de lo mismo. Ya lo sabemos (después de tantas páginas): una persona que desempeña una actividad no rutinaria debe enfrentarse diariamente a situaciones nuevas en las que tiene que tomar decisiones basadas en su experiencia y en un cálculo rápido de probabilidades. Esto, acordaos, es siempre fundamental en la consecución de cualquier objetivo.

Bien, pues esa persona necesita un orden en su mente y un equilibrio emocional que solo puede existir si su mundo personal está sólidamente cimentado, si su mundo personal tiene ese centro de gravedad permanente.

> UN CENTRO DE GRAVEDAD PERMAMENTE
> ES GARANTÍA DE EQUILIBRIO EMOCIONAL

Los toreros tienen rachas buenas o malas, que están íntimamente ligadas a su estabilidad emocional. Muchas veces el público no sabe que detrás de esas tardes desastrosas, llenas de pitos y almohadillas, se encuentra una desavenencia matrimonial, los problemas de un hijo o cualquier otra circunstancia que impide al matador *centrarse* en el toro.

Lo mismo ocurre con un campeón de ajedrez o con uno de póquer.

No se gana un torneo cuando se viene de tener una trifulca en el hogar, cuando se está pasando por un problema de abogados y jueces o cuando se está sufriendo una situación económica apremiante.

Todas estas vicisitudes impiden la fundamental *con-centración* que la mayoría de estos juegos necesitan obligatoriamente.

DETRÁS DE UN MAL DÍA, DE UNA MALA DECISIÓN PROFESIONAL, SUELE HABER UN PROBLEMA PERSONAL

En la carrera de mi amigo Juan Carlos Mortensen, campeón del mundo de póquer, siempre ha sido básica la presencia de su mujer, Cecilia. Creo que ese es un buen ejemplo.

Viajando como lo hace, más de una vez al mes, para asistir a los diferentes torneos que se celebran en distintas partes del mundo y que forman parte del circuito profesional, ¿cómo va a pasar en soledad tantas noches en hoteles desconocidos después de que alguna vez lo eliminen porque su *full* de ases ha sido batido por un póquer que cualquier rival le ha hecho en la última carta? Esas cosas hay que contárselas a alguien, hay que tener algo de ayuda para intentar olvidarlo. Y debe ser junto a esa persona con quien también se comparten los más abundantes días de éxito.

Cuando le aconsejé que se marchara a vivir a Estados Unidos, aunque él no conocía el idioma, lo hice no solamente considerando sus evidentes dotes de jugador, sino también la enorme estabilidad emocional que Cecilia le proporcionaba. Eran como Bonny y Clyde, y pensé que con ese equilibrio, con el compás de piernas bien abierto, podían empezar la aventura con muchas probabilidades de éxito.

Estas circunstancias personales y emocionales, que son básicas en el mundo del juego, también lo son en la vida profesional de cualquier persona que se dedique, como ya he dicho, a una actividad no rutinaria.

Ocurre que cuando nuestras vidas se instalan en la rutina, ella se convierte, precisamente, en tu centro de gravedad permanente, y por eso es muy difícil salir de la repetición y el aburrimiento.

Pero si nos consideramos personas con actividades no rutinarias, donde cada día es diferente del anterior, necesitamos basar estas acciones en algún centro sobre el cual puedan girar.

Este centro, este punto de apoyo, puede ser de diferente tipo. Yo entiendo como PERMANENTE aquel que dura un período razonable de tiempo, sin que tampoco sea absolutamente necesario que se prolongue toda la vida.

Una de las características fundamentales que poseen esos centros de gravedad permanentes es su capacidad de comprender, de animar y de ser a la vez constructivos.

Solo quienes te conocen bien y te quieren pueden entenderte a la perfección. Ellos (la familia, los amigos) podrán ser críticos, pero de sus comentarios siempre sacaremos provecho y enseñanzas, pues nunca pretenderán atacarnos sino siempre ayudarnos.

Un centro de gravedad permanente como este del que os estoy hablando es lo más parecido a un *refugio,* a un cuartel general donde replantear la batalla y reponer fuerzas para volver, luego, a la carga.

> ## EL CAMINO SERÁ LARGO Y UN «REFUGIO»
> ## PUEDE RESULTAR RECONFORTANTE
> ## Y NECESARIO

Y como en otras ocasiones, algo sé de lo que hablo. Durante el tiempo en que me dediqué (en que nos dedicamos, mejor dicho) a jugar en las ruletas de los casinos del mundo, la familia —la *Flotilla* nos llamábamos— resultó el punto de apoyo imprescindible para que todo aquello funcionara como es debido.

Confianza, seguridad, cariño, apoyo. Sentimientos que son fáciles de expresar así, en palabras, pero muy difíciles de tener, de mantener. Pues eso estaba presente en la *Flotilla.*

¿Os imagináis lo delicado que resulta todo cuando hay dinero (que se gana, pero también que se pierde) de por medio? Si no hubiera sido por la *Flotilla,* toda aquella energía, toda aquella estrategia no hubieran funcionado con la precisión y eficacia necesarias para alcanzar nuestro objetivo. Y lo alcanzamos, vaya si lo alcanzamos.

Busco un centro de gravedad permanente
que no varíe lo que ahora pienso de las cosas,
de la gente,
io necesito un centro di gravità permanente
che non mi faccia mai cambiare idea sulle cose,
sulla gente.
Over and over again.

SÍ A TODO

—¿Te apetece leer este libro?

—Sí.

—¿Te interesan las cosas que en él se cuentan?

—Sí.

—Te lo puedo prestar...

—Bueno.

—¿Te gusta tu nombre?

—Claro.

—¿Qué nombre es el que más te gusta?

—Clara. También Lucía.

—¿Te gusta la gente joven?

—Sí.

—¿Y los de mediana edad?

—Sí.

—¿Y la gente mayor?

—Sí, por supuesto.

—¿Te gustan los argentinos?

—Sí.

—¿Y los italianos?

—Mucho.

—¿Los franceses?

—(*Lo piensa tres instantes.*) Sí.

—¿Hará buen tiempo este fin de semana?

—Creo que sí.

¿Sorprendidos por este diálogo? ¿Por qué? ¿Demasiados síes? No es habitual, ¿verdad?

«Sí a todo» es una expresión que me gusta. Me encanta cuando en una operación informática me sale ese cartelito que, entre otras, ofrece la posibilidad del «sí a todo».

¿Por qué responder «no» si se puede responder «sí» a las preguntas que habitualmente nos hacen?

No, no es cuestión de cortesía, ni de buena educación. Se trata de espíritu y de armonía con casi todas las cosas.

> ¿POR QUÉ RESPONDER «NO» SI SE PUEDE
> RESPONDER «SÍ»?

Si casi todo puede ser amado, amémoslo.

Seamos admiradores de las cualidades de varias nacionalidades, de varios equipos de fútbol, de varios autores, de los Beatles y de los Rolling Stones al mismo tiempo.

Nadie nos pide que elijamos.

¡Elijamos todo!

En los países mediterráneos estamos abonados al fatalismo. Vivimos la cultura del no.

Muchísimas veces, preguntamos algo y se nos responde de entrada que no. Luego, nuestro interlocutor reflexiona brevemente y acaba diciendo sí. Pero el no fue por delante.

Si se duda, es no. Si no se sabe la respuesta, se responde no a todo.

—¿Para llegar a la calle Zaragoza tengo que seguir en esta dirección?

—No. Tiene que seguir para adelante y al final torcer a la izquierda. Siga en esta dirección.

Muchas veces expresamos ideas que llevan implícitas su amor al no. Cualquier hecho inesperado llevará permanentemente esta connotación negativa.

El presente casi siempre es lo más malo que podía ocurrirnos y nuestra época es, por lo general, la peor de la historia.

—Va a caer un tormentazo.

—Desde que pusieron el euro la vida ha subido una barbaridad.

—Menos mal que ya acaba este año.

—En estos tiempos que vivimos... Malos tiempos para la lírica.

Muchísimas personas se definen, especialmente, por las cosas que no le gustan. En unos minutos son capaces de repasar una larga lista de todo lo que no es de su agrado:

—No me gustan las películas de guerra, los dibujos animados, las quinielas, las motos de agua, los portugueses, la cerveza sin alcohol, la lluvia, Castilla-La Mancha, las chirimoyas, el baile agarrado, los viajes organizados, Françoise Sagan, los rayos X, la defensa en zona, Benidorm, la ópera barroca...

¡Con lo fácil que es que te puedan gustar todas esas cosas, muy especialmente los dibujos animados o Benidorm!

Hay civilizaciones del sí y civilizaciones del no. Los ingleses de la *Bounty* se quedaron a vivir en Tahití porque allí encontraron la maravilla del sí.

Quizá el Imperio maya se derrumbó porque estaban muy anclados, empecinados, en el no.

En la actualidad, creo que se da mucho más el sí en Estados Unidos que en Europa o en Japón. Parece que en nuestra sociedad el pesimismo tiene mayor consideración intelectual, da más tono.

Nuestro afable personaje que abre el capítulo diciendo que sí a todo sería considerado como un simple, casi un retrasado. Sin embargo, los que solamente saben pronosticar ruina o los que añoran los tiempos pasados y, por supuesto, los que no les gusta casi nada, esos obtienen un gran crédito social como personas inteligentes, que buscan la compensación a sus desgraciadas y oscuras vidas.

Es muy fácil adoptar una postura positiva ante la vida.

Es lo natural, así nacemos. Un niño siempre cree que es barato el juguete que desea, sonríe a todo lo que ve desde su cochecito por la calle. Podíamos seguir haciendo lo mismo cuando cambiemos de coche y nos paremos en los semáforos. Es cuestión de insistencia en nuestra propia naturaleza, es cuestión de no dejar que nuestro ambiente, nuestra cultura nos degraden haciéndonos ver que hay que abrazar el pesimismo para ser sensato o parecer escéptico si queremos simular inteligencia.

> ES FÁCIL Y NATURAL ADOPTAR
> UNA POSTURA POSITIVA ANTE LA VIDA

—¿Echas una partida de póquer?

—Sí.

—¿Esta tarde en casa de Vicente?

—Sí.

—Seremos cinco.

—Vale.

—¿Crees que ganarás?

—Pues no... quiero decir sí.

* * *

—Me has preguntado durante todo el libro. Ahora me toca a mí.

—De acuerdo, Gonzalo.

—¿Estás dispuesto a dar los buenos días a la energía?

—Claro que sí.

—¡Pues adelante!

.

Impreso en Talleres Gráficos
LIBERDÚPLEX, S. L.
Constitución, 19
08014 Barcelona